Hana & Peter Bergh

# Handbuch Radreisen
## Mit dem Fahrrad entdecken und genießen

Hana & Peter Bergh

# Handbuch
# Radreisen

Mit dem Fahrrad entdecken und genießen

braumüller

## Produktnennung

Wenn wir in diesem Buch Produkte unserer Ausrüstung namentlich nennen, hat das schlicht und einfach den Grund, dass wir persönlich gute Erfahrungen mit ihnen gemacht haben – mehr nicht. Wir haben weder von einem der genannten Hersteller ein Materialsponsoring oder dergleichen erhalten, noch sind wir Test-Personen, die hier Erfahrungen unterschiedlicher Produkte oder gar Kaufempfehlungen wiedergeben. Wie jeder andere Outdoor-Freund auch mussten wir uns für bestimmte Ausrüstungsgegenstände entscheiden, um unsere Vorhaben zu realisieren. Das heißt für uns noch lange nicht, dass unser Material das sinnvollste oder gar beste ist. Nachdem wir jedoch von Rad- und Reisekollegen grundsätzlich immer sehr detailinteressiert nach unserem Material gefragt werden und einige Marken auf unseren Fotos ohnehin klar erkennbar sind, möchten wir auch nicht unnötig um den heißen Brei herumreden und nennen in den Ausrüstungskapiteln Produkte namentlich, wenn wir es für angebracht halten.

**Bibliografische Information der Deutschen Nationalbibliothek**
Die Deutsche Nationalbibliothek verzeichnet diese Publikation in der Deutschen Nationalbibliografie; detaillierte bibliografische Daten sind im Internet über http://dnb.d-nb.de abrufbar.

1. Auflage 2017
© 2017 by Braumüller GmbH
Servitengasse 5, A-1090 Wien
www.braumueller.at

Coverfoto: Hadschar-Gebirge (Oman), © Foto von Hana Bergh
Innenteil Foto & Grafiken: © Hana und Peter Bergh
Karten auf den Seiten 119, 120, 227, 241, 255, 269, 273, 279, 287: © Bikemap GmbH

Druck: EuroPB, Dělostřelecká 344, CZ 261 01  Příbram
ISBN 978-3-99100-230-7

Hana & Peter Bergh

# Handbuch
# Radreisen

Mit dem Fahrrad entdecken und genießen

braumüller

## Produktnennung

Wenn wir in diesem Buch Produkte unserer Ausrüstung namentlich nennen, hat das schlicht und einfach den Grund, dass wir persönlich gute Erfahrungen mit ihnen gemacht haben – mehr nicht. Wir haben weder von einem der genannten Hersteller ein Materialsponsoring oder dergleichen erhalten, noch sind wir Test-Personen, die hier Erfahrungen unterschiedlicher Produkte oder gar Kaufempfehlungen wiedergeben. Wie jeder andere Outdoor-Freund auch mussten wir uns für bestimmte Ausrüstungsgegenstände entscheiden, um unsere Vorhaben zu realisieren. Das heißt für uns noch lange nicht, dass unser Material das sinnvollste oder gar beste ist. Nachdem wir jedoch von Rad- und Reisekollegen grundsätzlich immer sehr detailinteressiert nach unserem Material gefragt werden und einige Marken auf unseren Fotos ohnehin klar erkennbar sind, möchten wir auch nicht unnötig um den heißen Brei herumreden und nennen in den Ausrüstungskapiteln Produkte namentlich, wenn wir es für angebracht halten.

**Bibliografische Information der Deutschen Nationalbibliothek**
Die Deutsche Nationalbibliothek verzeichnet diese Publikation in der Deutschen Nationalbibliografie; detaillierte bibliografische Daten sind im Internet über http://dnb.d-nb.de abrufbar.

1. Auflage 2017
© 2017 by Braumüller GmbH
Servitengasse 5, A-1090 Wien
www.braumueller.at

Coverfoto: Hadschar-Gebirge (Oman), © Foto von Hana Bergh
Innenteil Foto & Grafiken: © Hana und Peter Bergh
Karten auf den Seiten 119, 120, 227, 241, 255, 269, 273, 279, 287: © Bikemap GmbH

Druck: EuroPB, Dělostřelecká 344, CZ 261 01 Příbram
ISBN 978-3-99100-230-7

*Das Leben ist wie Fahrrad fahren, um die Balance
zu halten, musst du in Bewegung bleiben.*

Albert Einstein

# vorbereitung

Vorwort ..... 10

## Ausrüstung 1 – Das „richtige" Reiserad ..... 14

Welcher Lenker? ..... 18
Welche Laufräder? ..... 20
Welcher Rahmen? ..... 27
Feder- oder Starrgabel? ..... 30
Scheiben- oder Felgenbremsen? ..... 34
Ketten-, Naben- oder Getriebeschaltung? ..... 37
Welche Reifen und Schläuche? ..... 40
Welche Pedale? ..... 43
Welcher Sattel? ..... 44
Welche Gepäckträger und Taschen? ..... 46
Welche Flaschenhalter und Trinkflaschen? ..... 50
Beleuchtung: Batterie oder Nabendynamo? ..... 51
Was kommt auf den Lenker? ..... 52
Was haben wir nicht montiert? ..... 53
Werkzeug und Ersatzteile ..... 55

## Ausrüstung 2 – Was kommt alles in die Taschen? ..... 60

Welches Zelt? ..... 64
Welcher Schlafsack? ..... 69
Welche Isomatte? ..... 70
Für noch mehr Komfort im Zelt … ..... 71
Welcher Kocher? ..... 72
Töpfe, Geschirr & Co. ..... 73
Wasserfilter ..... 76
Wassersäcke ..... 77
Moskitonetz/Insektenschutz ..... 77
Hygiene ..... 79
Technik: GPS und Solar ..... 80
Kleidung ..... 83
Erste Hilfe und Medikamente ..... 86
Essen und Trinken ..... 86

## Reiseplanung 1 – Allgemeines 90

| | |
|---|---|
| Welche Distanz? | 93 |
| Wohin zu welcher Jahreszeit? | 95 |
| Von A nach B oder lieber eine Rundreise? | 96 |
| Checkliste: Fragen im Vorfeld | 98 |
| Sprache(n) | 100 |

## Reiseplanung 2 – Wo werden wir übernachten? 102

| | |
|---|---|
| Wild Zelten | 105 |
| Zelten am Campingplatz | 108 |
| Zelten nach Rücksprache mit dem Eigentümer | 109 |
| Warm Showers | 110 |
| Pension, Hostel, Hotel, Hütte etc. | 111 |

## Reiseplanung 3 – Die Streckenplanung 114

| | |
|---|---|
| Die Grobplanung | 116 |
| Die Detailplanung | 117 |
| Specials | 120 |

## Reiseplanung 4 – Rund ums Packen 122

| | |
|---|---|
| Was du nicht im Kopf hast … | 124 |
| Richtig packen – ein paar Tipps | 126 |
| Klare Vorteile zu zweit | 129 |
| Wer Ordnung hält, ist nur zu faul zum Suchen | 131 |
| Unser Packsystem (bei längeren Reisen) | 132 |

# unterwegs

## Essen – Wie werde ich satt?                                    134

Rezepte für die Campingküche                                      146
  Frühstück                                             146
  Mittag-/Abendessen                                    154

## Trinken – Wasser, Wasser, Wasser ...                            166

## Schlafen – Übernachten im Zelt                                  176

Der perfekte Zeltplatz                                            178
Zeltaufbau Schritt für Schritt                                    185
Die Zelt-Innenausstattung – featuring Hana B.                     187

## Hygiene – Wieder sauber ...                                     190

Duschen                                                           192
Geschirrwaschen                                                   195
Wäschewaschen                                                     198
Müll                                                              200
Ein stilles Örtchen                                               201

## Ein (un)typischer Radreise-Tag                                  204

# reiseberichte

| Radreisen im Kurzporträt | 216 |
|---|---|
| Umbrien – Italiens mystische Mitte | 220 |
| Oman – Nur schwer zu toppen | 234 |
| Taiwan – The Cycling Kingdom | 248 |
| Norwegen – Achtung: Suchtgefahr! | 262 |
| Nord: Senja, Vesterålen & Lofoten | 265 |
| Mitte: ein lohnender Abstecher nach Schweden | 270 |
| Süd: hohe Berge, wilde Fjorde, weite Gletscher | 274 |
| Dänemark – Der Wind, der Wind … | 280 |

# Vorwort

Vor der allerersten Radreise stehen zahlreiche Fragen: Welche Ausrüstung benötige ich? Wie plane ich meine Route? Was esse und trinke ich unterwegs? Wo werde ich schlafen? …

Wir möchten in unserem *Handbuch Radreisen* all diese Fragen beantworten sowie unsere wichtigsten Erfahrungen von unterwegs weitergeben. Neben dem praxisnah-informativen Charakter soll unser Buch aber auch inspirieren, selbst Pläne zu schmieden, Ideen umzusetzen, ferne Land- und Ortschaften zu erkunden und Menschen zu begegnen. Es soll Lust machen, unterwegs sein zu wollen – unabhängig von bestimmten Reisezielen oder Distanzen. Es geht uns nicht um Abenteuer oder Rekorde, sondern um Erlebnisse, Zeit für sich und Zeit miteinander.

Wir möchten mit unserem Handbuch nicht nur all jene ansprechen, die ohnehin schon leidenschaftlich auf ihrem Velo unterwegs sind, sondern auch möglichst viele Fahrrad-Novizen motivieren, regelmäßig in die Pedale zu

treten und vielleicht auch einmal eine mehrtägige Radreise zu unternehmen. Es müssen ja nicht gleich mehrere Wochen in einem fernen Land sein – wir unternehmen oft „nur" am Wochenende Mehrtagestouren, starten mit Rucksack und Rennrad oder Mountainbike von zu Hause, radeln in irgendeine Richtung und fahren dann mit der Bahn wieder zurück. Auch wenn zum Beispiel „Wien–Salzburg" bei Weitem nicht so aufregend klingt wie „quer durch Norwegen", so sind es selbst bei diesen kurzen Reisen ganz ähnliche Dinge, die aus unserer Sicht das Radreisen so wertvoll und faszinierend machen: Man entdeckt neue Gegenden und Strecken, man erlebt und sieht ungemein viel, wenn man den ganzen Tag mit dem Fahrrad durchs Land fährt, man genießt, Zeit zu haben, das Miteinander-unterwegs-Sein und natürlich auch das köstliche Essen und Trinken – je länger man radelt umso mehr.

Egal wo und wie lange man unterwegs ist, beim Radreisen geht es aus unserer Sicht immer darum, eine bestimmte Gegend (ein Land/einen Kulturraum) zu entdecken, sie (es/ihn) im wahrsten Sinn des Wortes zu erfahren – und zwar

*Morgenstimmung am Weg nach Taitung (Taiwan)*

langsam, sinnlich und hautnah. Durch die im Vergleich zu Auto/Motorrad/ Bus/Bahn wesentlich langsamere Fortbewegung hat man bedeutend mehr Möglichkeiten, all die Kleinigkeiten und Details am Wegesrand zu erspähen, seien es prachtvolle Pflanzenschönheiten, seltene Tiere oder kulturelle, menschliche Spuren. Wir staunen nach wie vor jedes Mal, wie viele Eindrücke und Erlebnisse wir mitnehmen, wenn wir mit dem Fahrrad durch eine Gegend reisen. Man ist Natur und Menschen viel näher, viel ausgesetzter. Das kann sehr bereichernd sein, hat man etwa die Möglichkeit, jederzeit stehen zu bleiben, um ein Foto zu knipsen, oder man trifft Gleichgesinnte, mit denen man sich austauscht, oder wird interessiert angesprochen, woher man kommt und wohin es geht.

Natürlich kann dieses Ausgesetztsein auch ungemein schwierig und unangenehm sein, wenn man zum Beispiel stundenlang im Regen fahren oder gegen heftige Sturmböen oder unmenschliche Steilrampen ankämpfen muss. Genau das braucht es aber auch immer wieder, weil dann der Kontrast umso schöner und intensiver ist, wenn der Wind wieder von hinten kommt und kräftig anschiebt, wenn sich nach drei Tagen Regen endlich wieder die Sonne am Himmel zeigt oder wenn sich nach einer anstrengenden Bergfahrt vor einem ein prachtvolles Hochplateau erstreckt. All diese glücklichen Momente empfindet und schätzt man dann um ein Vielfaches mehr.

Unser Credo „Immer schön ist langweilig!" bewahrheitet sich für uns auf nahezu jeder längeren Reise. Den Begriff der Kontrastdramaturgie gibt es nicht nur in der Kunst – er prägt auch maßgeblich unsere Faszination beim Radreisen: Je stärker der Kontrast zum gerade Erlebten ist, desto intensiver fühlt man im gegenwärtigen Moment. Natürlich haben auch wir bei Dauerregen, heftigem Gegenwind und nicht enden wollenden Bergaufpassagen schon oft lauthals geflucht. Dennoch sind immer genau jene Situationen am einprägsamsten, in denen positive Emotionen das Resultat vorangegangener Hürden, Prüfungen oder Unannehmlichkeiten sind. Aus unserer Sicht sind es gerade diese emotionalen Höhen und Tiefen sowie das unendlich wohltuende Gefühl und Wissen, eine schwierige Situation gemeistert und ein fernes Ziel erreicht zu haben, die hinsichtlich Radreisen das höchste Suchtpotenzial innehaben.

Wieso reisen wir? Damit wir ankommen. Die Freude am Unterwegssein ist die Vorstufe zum guten Gefühl, angekommen zu sein. Wenn dieses Buch beim Lesen und Blättern Freude bereitet, ist es eines von vielen. Wenn es motiviert, sich Zeit zu nehmen, um unterwegs zu sein – wo auch immer und wie auch immer –, ist es eines von wenigen. In der Hoffnung, dass Letzteres der Fall ist, wünschen wir viel Vergnügen beim Lesen, Träumen, Planen und Reisen.

*Welches Rad nehm ich heut?*
*(Frankreich/Dommartin-la-Chaussé)*

# Das „richtige" Reiserad

Eines vorweg: Es gibt nicht das eine, perfekte Reiserad für jedermann und alle Touren dieser Welt. Egal ob Rahmenmaterial, Laufradgröße oder Lenkerform – hier scheiden sich je nach Einsatzzweck die Geister und Vorlieben der Tester und Konsumenten. Und das ist gut so, denn dadurch können ein breites Spektrum individueller Wünsche und vor allem auch jegliche Radreisearten von der Industrie bedient werden. Wir möchten auf keinen Fall ein bestimmtes System geschweige denn Modell als das Sinnvollste oder Beste in den Himmel loben, sondern unsere Überlegungen und Entscheidungen aufzeigen, die zu dem Material geführt haben, mit dem wir die letzten Jahre zufrieden unterwegs waren.

Was uns sehr wichtig ist, an dieser Stelle festzuhalten: Materialfragen und -überlegungen sind immer Luxussorgen. Im Grunde genommen kann man sich auf so ziemlich jeden fahrtüchtigen Gaul setzen, sich eine Tasche oder Rucksack umhängen und losstrampeln. Der Genuss, unterwegs zu sein, sowie die Eindrücke, die man während einer Reise sammelt und für immer speichert, sind unabhängig von großen Investitionen. Auf unseren Reisen sind uns immer wieder Menschen mit einfachstem Equipment begegnet und wir können nicht behaupten, dass diese minder glücklich oder beeindruckt von ihren Erlebnissen berichtet haben als andere, die gerade mehrere Tausend Euro in eine neue Ausrüstung investiert hatten.

Auch wir unternahmen unsere ersten Radreisen mit alten Mountainbikes, die wir in der Werkstatt unseres Vertrauens mit Gepäckträgern bestücken ließen. Mangels Gewinde mussten damals bei Peters Bike in den Hinterbau extra eine Gepäckträger-Aufnahme geklebt sowie in die Gabel Löcher für Ösen gebohrt werden. So wurde aus einem *Cannondale-Flash*-Aluminium-Mountainbike, dessen Carbon-Modell im Jahr 2010 als reinrassiges Race-Bike konzipiert wurde, ein voll taugliches Reiserad, das schwer bepackt von Wien nach Montenegro sowie über 1.000 Kilometer mitten durch Italien rollte – ohne Pannen.

Mittlerweile gibt es in der Kategorie „Bikepacking" eine Menge kreativer und guter Montagemöglichkeiten abseits klassischer Gepäckträger (s. Kapitel *Gepäckträger und -taschen)*. Wer mit wenig Gepäck auskommt (10–15 kg Gewicht bzw. 30–40 l Volumen), kann relativ einfach und bequem auch mit seinem herkömmlichen Mountainbike oder Rennrad mehrere Tage unterwegs sein.

Als wir unsere ersten ferneren sowie längeren Reisen zu planen begonnen haben, wollten wir uns auf jeden Fall „richtige" Reiseräder gönnen. Vor allem hinsichtlich Stabilität im unwegsamen Gelände wünschten wir uns mehr Gewissheit und Reserven als bei unseren Leichtbau-Mountainbikes. Also starteten wir alle möglichen Recherchen und Gespräche mit Experten, aus denen sich bald die für uns wichtigsten Punkte hinsichtlich unseres idealen Reiserads herauskristallisierten.

*Cannondale-Flash-MTB auf Reiserad umgebaut (Italien/Abruzzen)*

# Welcher Lenker?

Es mag vielleicht komisch klingen, aber die grundlegendste Entscheidung bezüglich seines Reisefahrrads trifft man bei der Wahl des Lenkers. Die meisten Reiseräder gibt es entweder mit einem geraden Flatbar-Lenker (wie am Mountain- oder Trekkingbike) oder mit einem gebogenen Lenker, wie man ihn vom Rennrad her kennt. Reiseräder mit Rennlenker bezeichnet man auch als Randonneure (frz. Wort für Wanderer). Schalt- und Bremshebel sind hier grundlegend anders als bei Mountain- oder Trekkingbikes, sodass ein späteres Umrüsten recht aufwendig und kostspielig ist.

Flatbar-Lenker                    Rennlenker

Das jeweilige Lenkermodell bestimmt entscheidend die Position beziehungsweise die Körperhaltung am Fahrrad und damit das Fahrgefühl, weshalb bei der Wahl des Lenkers oft auch individuelle Vorlieben, Optik und Philosophie eine überaus große Rolle spielen. Um es etwas überspitzt auf den Punkt zu bringen: Rennlenker sind sportlicher und sehen schnittiger aus, Flatbar-Lenker sind dafür komfortabler.

Einen geraden Flatbar-Lenker kann man auch jederzeit – unter Beibehaltung der Brems- und Schalthebel – durch spezielle Multipositionslenker, die mehrere Griffpositionen erlauben, ersetzen. Einige Radreisende bevorzugen einen solchen Speziallenker, andere meiden ihn schon alleine aus optischen Gründen oder wegen der Haptik, weil sie fix positionierte und der Handform angepasste Griffe am Lenker präferieren. Nachdem man auf einem Flatbar-Lenker ohne Probleme Barends (Lenkerhörnchen) montieren kann, wenn man unterschiedliche Griffpositionen wünscht, ist diese Kombination unserer

Meinung nach hinsichtlich Gewicht, Ergonomie und Kontrolle die wesentlich bessere Lösung im Gegensatz zu einem schweren, mehrfach gekrümmten Multipositionslenker ohne eigentliche Griffe.

Die Entscheidung hinsichtlich des Lenkers sollte man in erster Linie von den primären Reisezielen abhängig machen. So wie Mountainbikes und Rennräder je nach Streckenwahl ihre Vor- und Nachteile haben, sollte auch für Reiseräder die Frage nach dem Haupteinsatzgebiet geklärt werden. Natürlich kann man mit Rennlenkern ebenfalls geschmeidig durchs Gelände flitzen, wie uns die Cyclocrosser (Querfeldeinfahrer) beweisen. Tatsache

Flatbar-Lenker mit Barends                    Multipositionslenker

ist allerdings, dass die Griff-/Halteposition am Lenker die Kontrollierbarkeit des Fahrrades im unwegsamen Gelände gehörig beeinflusst. Wer mit schwer bepackten Lowrider-Vorderradtaschen öfters auf Sand oder tiefem, grobem Schotter unterwegs sein möchte, wird mit einem klassischen Randonneur schnell an seine Grenzen stoßen. Für diese Einsatzzwecke ist man mit einem etwas breiteren Flatbar-Lenker auf jeden Fall besser beraten. Nicht umsonst haben sich in den letzten Jahren im Mountainbike-Bereich immer breitere Lenker durchgesetzt – sie bieten in unwegsamem Gelände mehr Kontrolle, vor allem bei hohen Geschwindigkeiten. Rennlenker machen auf asphaltierten Straßen und festen Wegen am meisten Sinn, wenn es vorrangig darum geht, Meter zu machen. Auch wenn rein optisch unser Herz am höchsten beim Anblick eines flotten Randonneurs schlägt, fahren wir auf unseren Reiserädern 56 cm breite, gerade Lenker, die zwar deutlich schmäler sind als die unserer Mountainbikes (62–68 cm), aber uns im Gelände dennoch ein sehr sicheres Gefühl geben.

# Welche Laufräder?

Eine weitere grundlegende Entscheidung bei der Wahl des Reiserads dreht sich um die Frage der Laufräder. Je nach Einsatzzweck und individueller Vorliebe stehen unterschiedliche Größen zur Auswahl, deren Maße meistens in Zoll (") definiert sind: 26", 27,5" und 29" sind die aktuell gängigsten Mountainbike-Größen, 28" ist die klassische Dimension bei Touren- und Rennrädern.

Über die Größe eines Laufrads geben drei unterschiedliche Maßeinheiten Aufschluss:

- Die ETRTO (European Tyre and Rim Technical Organisation) definiert den Reifeninnendurchmesser – also den der Felge – in Millimetern.
- Zoll (") – aus den USA kommend – schließt die Reifengröße mit ein, kennzeichnet also den Reifenaußendurchmesser.
- Altes Französisches System – z. B. 650B – definiert sowohl den Reifenaußendurchmesser (numerischer Wert) als auch die Breite des Reifens (alphabetischer Wert). Zwecks leichterem Verständnis wird die bereits vor vielen Jahren konzipierte 650B-Laufradgröße meistens mit dem US-Maß 27,5" ausgezeichnet, da sie quasi zwischen 26" und 29" liegt.

Wie man der Grafik mit den Felgenmaßen entnehmen kann, ist der Unterschied zwischen 26" (559 mm) und 27,5" (584 mm) relativ gering. Insofern braucht man sich bei der Wahl zwischen diesen beiden Maßen hinsichtlich

Fahrkomfort, Gewicht und Stabilität keine allzu großen Gedanken machen.

Die Felgen von 28"- und 29"-Fahrrädern haben denselben Durchmesser (622 mm) und sind sichtbar größer als jene von 26"- oder 27,5"-Bikes. Während 28" die Kennzahl für Renn- und die meisten Trekkingräder ist (schmale Reifen), werden Mountainbikes (dicke Reifen) mit einem Felgendurchmesser von 622 mm als „Twentyniner" bezeichnet.

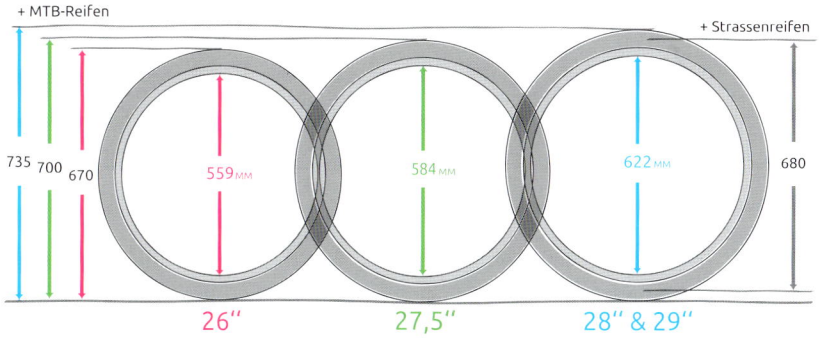

+ MTB-Reifen

+ Strassenreifen

735 700 670    559 MM    584 MM    622 MM    680

26"    27,5"    28" & 29"

*Unterschiedliche Laufradgrößen in Zoll mit den jeweiligen Felgen-Innenmaßen (exakt) und Reifen-Außenmaßen (durchschnittliche Werte, je nach Reifenmodell)*

Allgemein gilt: Je größer das Laufrad ist, desto besser rollt es über Unebenheiten. Kleinere Laufräder punkten dafür hinsichtlich Gewicht und Stabilität. Auch wenn 29"-Bikes mittlerweile durch breitere Felgen und besseres Material in puncto Stabilität aufgeholt haben, sind aus unserer Sicht 26" oder 27,5" immer noch die beste Wahl für ein Reiserad, das schwer bepackt und/oder abseits asphaltierter Pisten bewegt wird. Ein kleineres Laufrad hat im Normalfall ein dichteres Speichengeflecht als ein größeres und zusätzlich einen günstigeren Winkel der Speiche zur Felge, was sich positiv auf die Robustheit auswirkt. Das Gesamtgewicht von Felgen, Speichen, Reifen und Schläuchen spricht ebenfalls für die kleineren Laufrad-Maße. Wenn man hingegen nur mit leichtem Gepäck und fast ausschließlich auf gut asphaltierten Straßen beziehungsweise festem Untergrund unterwegs ist, wird man wahrscheinlich mit einem 28"-Trekkingrad oder einem klassischen Randonneur mehr Freude haben, da sie von Haus aus für dünnere, also „schnellere" Reifen konzipiert sind.

Da wir mit unseren Reiserädern oft in unwegsamem Gelände unterwegs sind und unser Fokus vorrangig auf Stabilität und nicht auf Tempo gerichtet ist, fiel unsere Entscheidung sehr schnell auf 26" – ganz nach dem Grundsatz: je kleiner, desto stabiler. Wie schnell sich ein Fahrrad fortbewegen lässt, hängt ohnehin nicht vorrangig von der Laufradgröße ab, sondern neben dem Gewicht in erster Linie vom Reifen (Dimension, Profil, Material/Gummimischung, Luftdruck etc.) in Kombination mit dem Untergrund, auf dem man unterwegs ist.

Unsere Entscheidung hing auch damit zusammen, dass es damals weltweit den größten Support für 26"-Reifen gab. Ob beziehungsweise wie schnell sich das in den nächsten Jahren ändern wird, hängt stark von der Industrie ab. Gut möglich, dass man in ein paar Jahren auch in Afrika und Südamerika problemlos 27,5"-Reifen bekommen wird. Die Tendenz am Mountainbike-Sektor, die auch stark den Reiserad-Sektor beeinflusst, geht seit ein paar Jahren ganz klar in Richtung 27,5" und Twentyniner. Wie es aussieht, werden 26"-Fahrräder langsam, aber doch aussterben. Man wird zwar ziemlich sicher auch noch in den nächsten Jahrzehnten 26"-Reifen bekommen, aber vielleicht nicht mehr genau das Modell, das man haben möchte.

**FAZIT**

Für Radreisen mit schwerem Gepäck und/oder abseits asphaltierter Straßen: **26"** oder **27,5"**

Für Radreisen mit leichtem Gepäck auf Asphalt beziehungsweise festem Untergrund: **28"**

Neben dem Durchmesser spielt auch die Breite der Reifen eine wichtige Rolle, es gibt mittlerweile sehr breite Reifenmaße, die nach speziellen Rahmen verlangen. Am Mountainbike-Sektor geht der Trend stark zu sehr dicken Reifen, die mehr Grip, Traktion, Fahrsicherheit und damit Komfort versprechen. Für die wenigsten Radreisenden wird jedoch ein 26"-Fatbike oder 27,5"-Plus-Bike Sinn machen, es sei denn, man ist vorrangig in sehr unwegsamem Gelände unterwegs (Geröll, Sand, Schnee etc.). Wer mit seinem Reiserad großteils auf festem Untergrund fährt, wird nicht zu den ganz dicken Pneus greifen, sondern eher auf geringen Rollwiderstand und einen vernünftigen Kompromiss zwischen Pannensicherheit und Gewicht achten.

Was man sich bei der Wahl der Laufräder auch gleich zu Beginn überlegen sollte: das Thema Licht – Stichwort Nabendynamo (s. Kapitel *Beleuchtung: Batterie oder Nabendynamo?*). Wer unabhängig vom Sonnenschein während der Fahrt Energie und damit Licht produzieren möchte, braucht die entsprechende Technik in der Nabe. Ein späteres Umrüsten einer Standardnabe auf einen Nabendynamo wäre sehr aufwendig, da man dann das Vorderrad neu einspeichen müsste.

Hinsichtlich Felgen, Naben, Speichen und Nippel möchten wir selbst keine Vergleiche anstellen oder gar konkrete Produkte empfehlen. Hier lassen wir lieber einen Experten zu Wort kommen, der seit über 30 Jahren Erfahrungen am Radreise-Sektor hat und in seinem renommierten Fahrradgeschäft in Wien nahezu täglich mit Problemen rund um gebrochene Felgen, gerissene Speichen oder festgefressene Nippel konfrontiert wird.

# Die Laufräder – Herzstück eines Reiserads

*Immer wieder sind wir in unserem Fahrradgeschäft mit Radreisenden auf deren Weg durch Wien konfrontiert, die Defekte an ihren Laufrädern haben – seien es Speichenbrüche, eingerissene Felgen oder ausgerissene Nabenflansche.*

## Warum sind beim Reiserad gerade die Laufräder am häufigsten von Defekten betroffen?

*Fakt ist, dass die Laufräder eines Reiserads einiges wegstecken müssen. Beim Rennrad oder Mountainbike entlastet man bei Schlägen/Schlaglöchern ganz automatisch das Rad. Bei Reiserädern, die mit 30 kg plus beladen sind, ist das natürlich nicht möglich – das Material geht an seine Grenzbelastung.*

## Kurz zur Theorie:

*Im Laufrad gibt es ein komplexes Zusammenspiel verschiedenster Kräfte. Das Gewicht von oben versucht permanent, die Felge in ein Ei zu verwandeln. Seitenkräfte belasten die Speichen, die Felgen und den Nabenflansch (jene Stelle, wo die Speichen in den Radnaben eingehängt sind). Scheibenbremsen bringen zusätzliche Zugbelastungen in die Speichen.*

*Am Hinterrad (bei kettengeschalteten Rädern) sind die Speichenspannungen links und rechts unterschiedlich. Rechts stehen die Speichen wesentlich steiler, da hier auch der Zahnkranz an der Nabe Platz finden muss und deshalb der Nabenflansch mehr Richtung Mitte der Radachse liegt. Aus diesem Grund ist die Speichenspannung rechts um einiges höher als links.*

*Bei jeder Radumdrehung werden die Speichen zweimal be- und entlastet. Sind die Speichenspannungen eines Laufrads nicht gleichmäßig oder die Speichen zu schwach oder zu stark gespannt, kommt es unweigerlich zu Speichenrissen, kaputten Nabenflanschen oder gebrochenen Felgen. Das ist wie bei einem Draht, den man immer wieder an derselben Stelle biegt, bis er bricht. Bei nicht korrekten Speichenspannungen kommt es an den Speichenbögen (unten an der Nabe) genau zu diesen Biegebelastungen.*

## Kurz zur Praxis:

*Ein Speichenbruch an dieser Biegestelle weist immer auf ein schlecht gespeichtes Laufrad hin. Selbst nach 20.000 km sollte eine Speiche dort nicht reißen. Korrekt gespannte Speichen lockern sich auch nicht. Ein Schraubenkleber auf Speichengewinden ist ein Zeichen dafür, dass der Laufradbauer dem eigenen Können nicht vertraut oder dieses nicht besitzt. Wir fetten die Gewinde der Speichen, um sie später besser nachzentrieren zu können.*

*Alle Laufräder von in Großserie hergestellten Fahrrädern werden maschinell von Einspeichrobotern gefertigt. Das Anforderungsprofil sind gerade laufende Felgen ohne Seiten- und Höhenschlag. Korrekte, gleichmäßige Speichenspannungen stehen jedoch nicht im Fokus. Das Ergebnis sind oft Laufräder, die zwar schön rund laufen, aber so unterschiedliche Spannungen aufweisen, dass Speichenbrüche vorprogrammiert sind.*

*Ein Laufrad, das wirklich „steht" (so der Fachausdruck), braucht die Handarbeit eines erfahrenen Laufradbauers. Dieser spürt, welche Speichenspannung die Felge maximal verträgt. Er spielt beim Laufradbau die Speichen quasi wie ein Saiteninstrument. Langsam, mit viel Geduld und Fingerspitzengefühl wird die Speichenspannung Umdrehung für Umdrehung erhöht. Die Speichen werden immer wieder seitlich abgedrückt und mit einem Tensiometer die korrekten Spannungen während des Laufradbaus gemessen.*

*Unerfreulicherweise sind heutzutage gute Laufradbauer rar, da im normalen Werkstattalltag kaum noch Felgen getauscht werden. Industriell gefertigte Laufräder sind so billig zu haben, dass sich der Arbeitsaufwand des Umspeichens oft nicht mehr lohnt. Dadurch kommen die Mechaniker außer Übung oder lernen erst gar nicht das Handwerk des Laufradbaus. In unserem Geschäft bauen wir fast alle Austauschlaufräder selbst. Im Winter wird für die Saison gespeicht. Rein wirtschaftlich gedacht dürften wir das nicht tun, aber nur so bleiben wir in Übung.*

## Worauf man beim Laufrad-Kauf achten sollte:

### FELGEN

- *Die Felgen sollten innen bei der Speichenaufnahme geöst sein, da der Nippelkopf dann weniger Reibung hat.*
- *Nur Hohlkammerfelgen sind genügend verwindungssteif.*
- *Die Felgen sollten nicht zu schmal sein. Eine breite Felge hält mehr aus, der Reifen sitzt schöner und ist weniger kippelig, wenn man einmal mit etwas weniger Reifendruck auf ruppigen Straßen unterwegs ist.*
- *Gute Felgen sind aus speziellen Aluminiumlegierungen. Die Legierung darf nicht zu hart/spröde sein. Hier muss man sich auf die Beratung im Fachgeschäft verlassen. Selbst renommierte Felgenproduzenten haben bei den Legierungen aus der Sicht von Radreisenden schon öfters die falsche Wahl getroffen. Zu spröde, zu gehärtete Felgen neigen dazu, an den Speichenlöchern oder an der inneren Hohlkammerwand einzureißen.*

### SPEICHEN

- *Doppeldickend-Speichen sind ein Muss: 2,0 mm am Speichenbogen, in der Mitte 1,8 mm, am Gewinde wieder 2,0 mm. Diese Speichen sind im mittleren Bereich elastisch und entlasten dadurch sowohl Speichenbogen als auch Gewinde.*
- *Die Speichen sollten aus nicht rostendem Stahl sein. Leider ist Niro-Stahl nicht gleich Niro-Stahl – er muss hohe Dehnkräfte aufnehmen können und darf ähnlich der Felge nicht zu spröde sein. Wer das Handwerk des Laufradbaus beherrscht, wird nur die besten Speichen verwenden.*

### SPEICHENNIPPEL

- *Alunippel gehören nicht auf ein Reiserad. Messingnippel sind die richtige Wahl. Die paar Gramm mehr spielen beim Gesamtgewicht des Reiserads keine Rolle. Messing ist zäher, bricht nicht und ist selbstschmierend. So lässt sich das Laufrad wesentlich besser nachzentrieren.*

# Welcher Rahmen?

Die größten Unterschiede zwischen einem Reiserad- und einem herkömmlichen Rennrad- oder Mountainbike-Rahmen sind zu finden bei:

- Stabilität – das Hauptaugenmerk liegt auf hoher Robustheit und nicht auf niedrigem Gewicht.
- Montagemöglichkeiten – es gibt zusätzliche Ösen (für mehrere Flaschenhalter) und Befestigungspunkte (hoch belastbare Gepäckträgergewinde).

Beim Rahmenmaterial fiel unsere Entscheidung sehr schnell auf Aluminium, da namhafte Hersteller aus unserer Sicht hier den besten Kompromiss zwischen Gewicht und Robustheit garantieren. Nachdem renommierte Reiserad-Produzenten von Haus aus ihren Fokus nicht auf dünnwandigen Leichtbau, sondern auf hohe Stabilität legen, hatten wir bei unserer Rahmenwahl keinerlei Bedenken hinsichtlich der Haltbarkeit. Und auch in puncto Fahrkomfort sehen wir bei einem Aluminium-Reiserad keinen spürbaren Nachteil gegen-

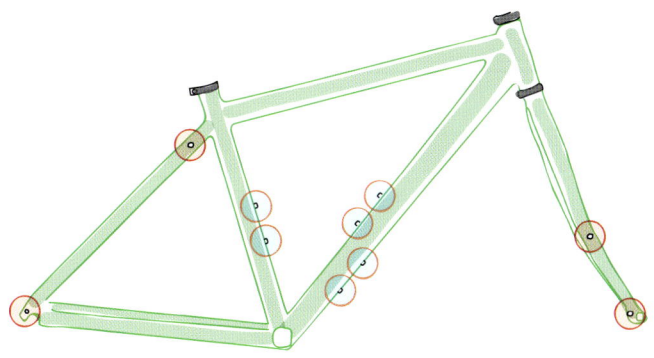

*Reiserad-Rahmen mit Ösen für mehrere Flaschenhalter (blau)
und Gepäckträgergewinde (rot)*

über Stahlrahmen. Die zum Teil noch verbreitete Meinung, dass Alurahmen wesentlich härter und ruppiger seien als Stahlrahmen, halten wir für einen Mythos aus den 1990er-Jahren. Ob der Fahrkomfort „hart" oder „weich" beziehungsweise „gedämpft" ist, hängt unserer Erfahrung nach – verzichtet man auf Federgabeln und/oder gefederte Sattelstützen – in erster Linie von der Wahl der Reifen und deren Luftdruck ab sowie in zweiter Linie von vibrationsdämpfenden Parts wie speziellen Griffen oder einer flexenden Sattelstütze.

Grundsätzlich lässt sich festhalten: Je schmäler die Reifen sind, desto wichtiger ist der Rahmenkomfort. Alurahmen sind unserer Meinung nach für geländeorientierte Fahrer die beste Wahl, da sie leicht und steif sind und man sich den Komfort ohnehin über die dicken Reifen holt. Stahlrahmen bringen vor allem für Randonneure (dünne Reifen) einen Vorteil hinsichtlich Elastizität und damit Komfort.

Ein Plus von Stahlrahmen ist, dass man wahrscheinlich weltweit überall jemanden findet, der einem im Notfall mit einem Schweißgerät helfen kann, sollte irgendein gröberes Problem mit dem Rahmen auftreten wie etwa ein defektes Gewinde. Vor einem Rahmenbruch würden wir uns bei einem stabil gebauten Reiserad keine Sorgen machen – im schlimmsten (Un-)Fall brechen vermutlich vorher alle Knochen.

Für viele ist die Wahl des Rahmenmaterials immer auch eine Frage der persönlichen Vorlieben und/oder der Optik – und das ist auch gut so, denn das Wichtigste überhaupt ist, dass man gerne auf sein Rad steigt und Freude am Fahren hat.

Zusätzlich sind auch Fahrradrahmen aus Titan erhältlich, die den Vorteil von Stahl (Elastizität) mit dem von Alu (Gewicht) kombinieren. Titan korrodiert nicht und fasziniert manche Menschen allein schon von der Optik her. Titan hat aber seinen Preis und der ist so hoch, dass sich kaum jemand dieses edle Metall für sein Reiserad gönnen wird. Ein weiterer Nachteil ist, dass Reparaturen am Rahmen unterwegs in einer kleinen Fahrradwerkstatt durchaus zum Problem werden können, wenn es dafür eigene Schneidewerkzeuge braucht. Andere Rahmenmaterialien wie Carbon oder Bambus spielen am Reiserad-Sektor keine wirkliche Rolle.

Neben dem Rahmenmaterial ist die richtige Rahmengröße beziehungsweise in weiterer Folge die gesamte Passform des Fahrrads kaufentscheidend. Wenn ein Hersteller oder Händler zur individuellen Anpassung eine eigene Messmaschine anbietet, macht es durchaus Sinn, diese auch zu nutzen. Die richtige Sitzposition bestimmt oft über Freud oder Leid, gerade bei längeren Touren. Sollte das Wunschrad nicht auf Anhieb hundertprozentig passen, kann man meist mit minimalen Veränderungen wahre Wunder bewirken, etwa durch Anpassung von Länge, Winkel und Höhe (Spacer) des Vorbaus sowie von Position, Neigung und Höhe des Sattels.

**Alurahmen** für dicke Reifen (Touren auch im Gelände)
**Stahlrahmen** für dünne Reifen (Randonneure)

# Feder- oder Starrgabel?

Eine Federgabel hat bei einem Reiserad eigentlich nur einen Vorteil, sie absorbiert Vibrationen und kann damit je nach Untergrund für mehr Fahrkomfort sorgen. Nachteile gegenüber einer robusten Starrgabel sehen wir hingegen etliche:

- **Gewicht:** Eine stabile (Stahl-)Federgabel ist gut 1 bis 1,5 kg schwerer.
- **Preis:** Eine gefederte Gabel kostet schnell ein paar Hundert Euro mehr als eine Gabel ohne Dämpfer.
- **Wartung/Probleme unterwegs:** Auch wenn bei Stahlfedergabeln die Wartungsintervalle deutlich geringer sind als bei Luftfedergabeln und bei ihnen im Zuge eines Dämpferdefekts selten grobe Probleme auftreten, sind Starrgabeln unterwegs am unkritischsten hinsichtlich Pannenanfälligkeit.
- **Auswahl/Belastbarkeit der Gepäckträger:** Es gibt auch für Federgabeln Gepäckträger – bei diesen hängt jedoch entweder das Gepäck zu hoch (beeinflusst Schwerpunkt und Lenkverhalten negativ) oder es sind bewegliche Teile notwendig (z. B. Führungsstangen, Hülsen, Schellen, Gummifassungen etc.), die hinsichtlich Verschleiß, Gewicht und Stabilität einen Nachteil gegenüber Lowrider-Gepäckträgern für Starrgabeln haben.

Nachdem wir – anders als beim Mountainbiken – als schwer bepackte Reise-radler in sehr ruppigem Gelände gemütlich und langsam unterwegs sind, ha-ben wir uns bisher selbst im unwegsamsten, mit Gepäcktaschen gerade noch fahrbaren Gelände noch nie den Komfort einer Federgabel herbeigesehnt. Im schweren Gelände übernimmt der Oberkörper locker die vordere Dämpfung, sobald man in den Pedalen steht und den Schwerpunkt auf das Vorderrad verlagert. Grobe Vibrationen („Schläge") kommen beim Reiseradeln eher bei Schlaglöchern oder Bodenunebenheiten („Wellblechpisten") vor, wenn man flotter unterwegs ist und/oder von ihnen überrascht wird. In diesen Fällen leidet man mit einer Federgabel natürlich weniger. Wie schon im vorherigen Kapitel *(Welcher Rahmen?)* erwähnt, kann man die vordere Dämpfung auch mit der Wahl der Reifen und deren Luftdruck steuern sowie mit speziellen Griffen, wenn man seine Hände besonders schonen möchte (s. Kapitel *Was kommt auf den Lenker?).*

Dass beim Bergauffahren – besonders im Wiegetritt – nichts wippt und keine Energie verpufft, empfinden wir bei einer Starrgabel als extrem angenehm. Klar, viele Federgabeln haben eine Gabelsperre (Lockout) – diese ist jedoch wieder ein Teil mehr, das unterwegs kaputtgehen kann.

Und noch ein Punkt, der beim Mountainbiken für Federgabeln spricht, beim Reiseradeln aber so gut wie keine Rolle spielt: die Traktion im Gelände, die durch das Gewicht der vorderen Gepäcktaschen kaum in Gefahr ist. Für geländeorientierte Bikepacking-Reisen, die für uns mehr in die Kategorie Mountainbiken fallen, kann eine Federgabel natürlich durchaus Sinn machen.

Keine Federgabel für Reiseräder

Ausnahme: Bikepacking-Reisen am Mountainbike

*Colle dell'Agnello (Italien)*

# Scheiben- oder Felgenbremsen?

Die Frage nach dem geeigneten Bremssystem sollte bereits vor der Rahmen- und Gabelwahl geklärt werden, da nicht alle Rahmen und Gabeln Aufnahmemöglichkeiten für beide Varianten bieten. Uns beschäftigte diese Frage deutlich länger als die nach Rahmen, Gabel und Laufradgröße. Zu Beginn unserer

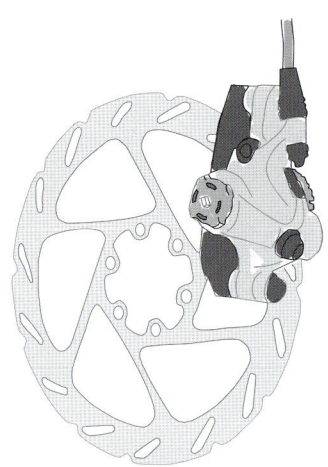

Überlegungen und Gespräche mit Experten hielten wir an unserer Devise fest: alles vermeiden, was unterwegs schwierig zu reparieren ist. Am Ende entschieden wir uns dann doch für Scheibenbremsen, da die Bremskraft und -verlässlichkeit – vor allem bei Nässe – definitiv ein riesiger Vorteil gegenüber Felgenbremsen ist. Außerdem ist die Schonung der Felge auch ein gewichtiges Argument für Scheibenbremsen. Nicht zu vergessen, dass ein schwer bepacktes Reiserad ganz andere Anforderungen an ein Bremssystem stellt als ein federleichtes Rennrad oder Mountainbike.

Neben V-Brakes (vorherrschendes Modell bei Seilzug-/Felgenbremsen) und Scheibenbremsen gibt es auch eine Art Mischform: die HS33 von Magura, eine hydraulische Felgenbremse, die den Ruf eines stabilen, im Vergleich zu V-Brakes felgenschonenden Systems genießt und in Zeiten vor Scheibenbremsen sicher eine gute Wahl für Reiseradler war. Aus unserer Sicht bleibt der hydraulischen Felgenbremse jedoch der Nachteil der komplizierten Wartung und Reparatur gegenüber einer V-Brake, während ihr gleichzeitig der große Vorteil von Scheibenbremsen fehlt: top Bremswirkung auch bei Nässe.

Eines ist klar: Wartung und Reparatur erfordern bei Scheibenbremsen definitiv mehr Know-how als bei V-Brake-Felgenbremsen. Und vor allem birgt der Transport im Flugzeug gewisse Risiken – man weiß ja, wie zum Teil mit Gepäckstücken umgegangen wird. Wenn man vor der Abreise einen kurzen Check des Bremssystems vergessen oder man ganz einfach Pech hat, sieht man sich nach einer Flugreise beim Auspacken der Räder aus den Bike-Bags beziehungsweise Transportkartons mit einem der folgenden Szenarien konfrontiert:

- Der Druckpunkt der Bremse ist weg – der Bremshebel lässt sich bis zum Lenker bewegen, ohne dass die Bremsbeläge an die Scheibe drücken.
- Öl ist ausgetreten.
- Eine Bremsscheibe ist so stark verbogen, dass ein ordentliches Zurechtbiegen kaum möglich ist.

Reist man mit Scheibenbremsen in Städte oder Länder, in denen kein Shop oder keine Werkstatt zu erwarten ist, der/die im Notfall helfen kann, sollte man auf jeden Fall entsprechend vorsorgen (vor allem was Werkzeug und Ersatzteile betrifft), aber auch bei weniger exotischen Reisen empfehlen wir:

- **Kontrolle zu Hause beziehungsweise vor Beginn der Reise:** Bremsbeläge und -kolben sowie Druckpunkt checken, eventuell alles reinigen, neue Beläge einsetzen und Kolben geschmeidig machen; das ganze System auf Dichtheit überprüfen: Tritt irgendwo Öl aus, wenn das Rad liegt oder länger am Kopf steht?
- **Know-how:** Je mehr man sich mit seinem Bremssystem beschäftigt, es selbst regelmäßig wartet und pflegt, desto entspannter ist man im Ernstfall. Bremsbeläge wechseln gehört zum absoluten Muss. Aber auch Bremsen zu entlüften oder feststeckende Bremskolben zu mobilisieren sollte keine unüberwindbaren Hürden darstellen. Auf YouTube gibt es zahlreiche gute Lehrvideos, die Schritt für Schritt alle

nötigen Handgriffe erklären, und einige Fahrradwerkstätten bieten sogar Workshops an, in denen man alles Wissenswerte rund um Scheibenbremsen praxisnah lernen kann.

- **Werkzeug und Ersatzteile – je nach Reiseziel:** Wer auf Nummer sicher gehen möchte, nimmt sich neben Reserve-Bremsbelägen auch eine Bremsscheibe, ein Entlüftungsset, etwas Öl sowie ein Anschluss-Set mit, sollte die Leitung beim Lenker abknicken (Olive, Insert-Pin, Verbindungsschraube).

Kaum zu glauben, aber wahr: Nach gut 10.000 Kilometern mit teils sehr steilen 80.000 Höhenmetern bergab über Asphalt und Schotter, durch Wüste und Geröll, bei Hitze und Nässe haben wir erstmals die Original-Bremsbeläge (Shimano XT) unserer Reiseräder getauscht. Für uns war das eine riesengroße Überraschung, da wir es vom Mountainbiken her gewohnt sind, mehrmals im Jahr die Bremsbeläge zu wechseln. Aber: Wenn man mit vollen Taschen an den Gepäckträgern im steilen Gelände langsam und defensiv bergab rollt, bremst man deutlich weniger aggressiv und damit verschleißärmer als bei einem flotten Downhill mit dem Race-Bike. Möchte man möglichst bremsbelagschonend unterwegs sein, egal ob auf Asphalt oder im Gelände, gilt natürlich auch beim Reiseradeln: dosiert bremsen und nie die Bremse unnötig schleifen lassen.

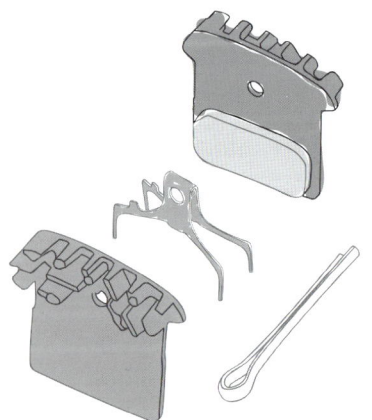

Bisher haben wir unsere Entscheidung für Scheibenbremsen am Reiserad keineswegs bereut – im Gegenteil: Vor allem bei schweren Bedingungen bergab haben wir sie oftmals dankbar bejubelt.

**FAZIT**

Scheibenbremsen am Reiserad? Ja!

Aber: Wissen aufbauen hinsichtlich Wartung und kleiner Reparaturen!

## Ketten-, Naben- oder Getriebeschaltung?

Wir haben uns für eine Kettenschaltung entschieden und fahren vorne eine 3-fach-Kurbel (44/32/24) sowie hinten eine 10-fach-Kassette (11–34). Mit dieser Über- bzw. Untersetzung sind selbst hochprozentige Bergstraßen für uns meistens ein Genuss.

*Eine bergtaugliche Untersetzung lohnt sich für lange Auffahrten mit Gepäck (Italien/Passo di Valparola)*

Viele Radreisende sind mit einer Rohloff-Naben- oder einer Pinion-Getriebe-schaltung unterwegs, da die nahezu wartungsfreien Systeme auch unter harten Bedingungen eine extrem hohe Lebensdauer versprechen. Für Top-Systeme mit einer Rohloff Speedhub 500/14 zahlt man allerdings deutlich mehr als zum Beispiel für ein Rad mit einer Shimano-XT-Ausstattung.

Für uns waren neben Kosten und Gewicht unter anderem folgende Gründe ausschlaggebend, nicht in eine Naben- oder Getriebeschaltung zu inves-tieren:

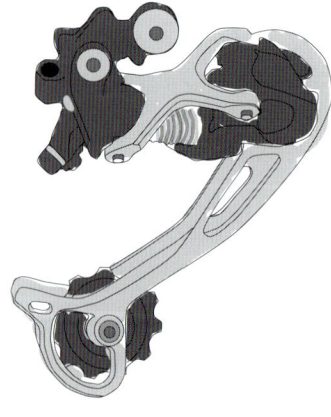

- Wir haben in den vergangenen 30 Jahren Hunderttausende Kilometer ohne ein ernstes Problem mit diversen Kettenschal-tungen heruntergespult.
- Wir kennen uns technisch mit Ketten-schaltungen ganz gut aus und fürchten uns nicht vor Wartungsarbeiten oder Re-paraturen unterwegs.
- Ersatzteile sind weltweit leicht zu organisieren. Wir haben jedoch bei Rei-sen immer ein Reserve-Schaltauge mit (s. Kapitel *Werkzeug und Ersatzteile*), da dieses bei nahezu jedem Rahmen indivi-duell ist.
- Der Fahrstil – vor allem das „richtige" Schalten – sowie die ordentliche Pflege entscheiden gewaltig über den Verschleiß von Kette, Kassette und Kettenblättern.

Fakt ist allerdings auch, dass wir bisher noch nie die Gelegenheit hatten, selbst einmal länger mit einer Naben- oder Getriebeschaltung unterwegs zu sein, wodurch wir den Unterschied zu einer Kettenschaltung nicht beurteilen können. Verlockend klingen jedenfalls einige Vorteile, vor allem der Einsatz eines Zahnriemens anstelle einer Kette: keine aufwendige Pflege, kein Öl, kein Nachspannen. Riemenantriebe versprechen viele Tausende Kilometer einen nahezu wartungsfreien Betrieb. Dass man mit Naben- oder Getriebeschaltungen auch im Stand schalten kann, ist für all jene ein Vorteil, die vorausschauendes Schalten noch nicht völlig automatisiert haben und beim Anfahren einer Steigung häufig mit einem zu schweren Gang kämpfen.

Das Hauptargument am Reiseradsektor für die Investition in eine teure Naben- oder Getriebeschaltung ist deren wartungsarme Langlebigkeit. Pauschalen Behauptungen, dass man bei Kettenschaltungen alle paar Tausend Kilometer den kompletten Antrieb wechseln müsse, können wir jedoch klar widersprechen. Auf unserer 6.000 km langen Reise vom hohen Norden Norwegens über die Alpen zurück nach Österreich sind wir locker mit einer (neuen) Kette durchgefahren. Kassette und Kettenblätter sind nach mehr als 12.000 km immer noch die Originalteile – mittlerweile mit der dritten Kette.

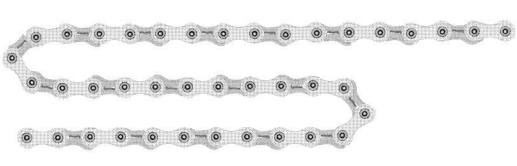

Für eine lange Lebensdauer des Antriebs ist neben materialschonendem Schalten eine saubere Kette entscheidend, da Schmutz das Material regelrecht abschmirgelt. Wichtig ist, dass man die Kette nicht „überpflegt", sie also nicht mit Öl übergießt. Wir verwenden zum regelmäßigen Säubern des Antriebs WD40 (das auch bei anderen Arbeiten am Fahrrad hilfreich sein kann) in Kombination mit einem Lappen und zum Schmieren ein paar Tropfen eines klassischen Kettenöls. Darüber hinaus gibt es diverse Wachse und

Trockenschmierstoffe, die vor allem beim Thema Schmutzanhaftung Vorteile bieten, mit denen man jedoch bei Nässe häufiger nachschmieren sollte. Möchte man die maximale Lebensdauer von Kassette und Kettenblättern ausreizen, kann man zwei Ketten kaufen und die beiden zum Beispiel alle 1.000 km wechseln. Uns wäre dieser Aufwand jedoch zu mühsam. Wir nehmen auf unsere Reisen auch keine kompletten Reserveketten mit, sondern nur ein Kettenschloss (s. Kapitel *Werkzeug und Ersatzteile).*

**FAZIT**

Kettenschaltungen sind nicht umsonst weltweit am meisten etabliert. Wer Kosten und Gewicht nicht scheut und eine möglichst bequeme Antriebslösung sucht, findet mit Rohloff oder Pinion interessante Alternativen.

# Welche Reifen und Schläuche?

Unterschiedliche Reifen und Schläuche gibt es quasi wie Sand am Meer. Sich hier alle Modelle genauer anzusehen, kostet extrem viel Zeit. Und wissen, ob ein Reifen oder Schlauch tatsächlich hält, was er verspricht, wird man ohnehin erst, nachdem man ihn selbst längere Zeit gefahren ist. Da Reifen und

Schläuche nicht die Welt kosten und schnell getauscht sind, trifft man im Vergleich zu Rahmen, Gabel, Laufradgröße und Bremssystem hier keine grundlegende Entscheidung. Dennoch ist die Wahl des Reifens ein Kriterium, das darüber entscheiden kann, ob eine Radreise zum Genuss oder zur Qual wird, gehören doch Reifenpannen zu den häufigsten Defekten beim Radfahren. Deshalb sollte bei der Wahl der Reifen keinesfalls gespart werden.

Häufig werden Modelle als Falt- oder Drahtreifenvariante angeboten, wobei Faltreifen grundsätzlich eine hochwertigere, feiner gewebte Karkasse haben. Aus diesem Grund kosten sie meist einige Euro mehr, sind jedoch deutlich leichter und rollen geschmeidiger als Drahtreifen. Bei gleicher Pannensicherheit greifen wir immer zu den leichteren Reifen.

Eine optimale Balance zwischen hoher Pannensicherheit, guten Rolleigenschaften und langer Lebensdauer zeichnet im Normalfall den geeigneten Reifen für Radreisen aus. Vor allem, wenn man über Schotter- oder Sandpisten fährt, die mit spitzen Dornen übersät sind, trennt sich bei den Reifen schnell die Spreu vom Weizen. Auf Tubeless-Systeme mit Spezialventil und Dichtflüssigkeit anstelle eines Schlauchs schwören wir zwar seit vielen Jahren beim Mountainbiken, verzichten aber beim Radreisen darauf, da wir voll bepackt ohnehin mit etwas mehr Luftdruck und robusten Reifen unterwegs sind. Bei längeren Reisen sparen wir uns damit auch das regelmäßige Nachpumpen, das wir von unseren Tubeless-Systemen gewohnt sind. Wenn man jedoch eine Reise in ein sehr dorniges Gebiet plant, kann ein Umrüsten auf Tubeless (spezielles Ventil + Felgenband + Dichtmittel) durchaus sinnvoll sein. Empfehlenswert ist es, erst ein bis zwei Wochen vor der Reise das Dichtmittel in die Reifen zu füllen, da mit der Zeit die dichtende Wirkung der Flüssigkeit abnimmt. Gleichzeitig ist es aber wichtig, ein paar Tage Zeit zu haben, um das System ordentlich einzufahren und es jeden Morgen ausgiebig auf Dichtheit zu überprüfen.

Wir hatten bei all unseren Radreisen bisher großes Glück. Unsere Schwalbe-Marathon-Mondial-Reifen, zu denen uns im Fachgeschäft geraten wurde, rollten die letzten drei Jahre gut 12.000 km ohne eine Panne durch unterschiedlichstes Gelände – auch durch Wüsten und steppenartige Regionen mit Dornen sowie über scharfkantig-felsige Pfade in den Bergen. Der Asphaltanteil war insgesamt mit Abstand am größten, aber auch hier lauern ja bekanntlich immer wieder Gefahren in Form von herumliegenden Glasscherben, Nägeln oder anderen spitzen, scharfkantigen Gegenständen.

In den Reifen sowie als Ersatz mit haben wir Standard-Gummischläuche – also keine „Extralight"- oder „Downhill"-Modelle und auch keine aus speziellen Materialien wie Latex. Ein extra dicker und schwerer Schlauch macht das Laufrad nur unnötig träge und bringt keinen nennenswerten Vorteil hinsichtlich Pannenschutz, wenn Reifen und Luftdruck wohlüberlegt gewählt sind. Wir pumpen auch in die Standardschläuche unserer voll bepackten Reiseräder nie mehr als zwei Bar, um etwas Dämpfung und Komfort zu genießen, und hatten damit bisher noch keinen einzigen Durchschlag („Snakebite").

Um die Lebensdauer unserer Reifen zu verlängern, tauschen wir nach ein paar Tausend Kilometern (je nach Abnützung) die Hinterradreifen, die durch das Mehrgewicht im Normalfall schneller abgefahren sind, mit den Vorderradreifen. Nachdem Hanas Reifen meistens noch wesentlich mehr Profil haben als Peters, können wir durch einen gegenseitigen Wechsel noch zusätzlich die Lebensdauer optimieren.

Für den Notfall nehmen wir – neben dem üblichen Reparatur-Kit für Schläuche – auch Reifenflicken mit, die unterwegs helfen können, beschädigte Seitenwände schnell und einfach von innen zu überkleben, um zu verhindern, dass der aufgepumpte Schlauch aus dem Reifen herausquillt. Angeblich funktioniert das zur Not auch mit Geldscheinen (ohne Kleber etwas schwieriger zu fixieren) – das haben wir aber noch nicht selbst ausprobiert. Ansonsten packen wir bei Radreisen meistens 1–2 Reserveschläuche sowie einen Ersatzreifen in unsere Taschen (s. Kapitel *Werkzeug und Ersatzteile*).

**FAZIT**

**Reifen:** nicht sparen! Es braucht den optimalen Kompromiss zwischen hoher Pannensicherheit, guten Rolleigenschaften und langer Lebensdauer.

**Schläuche:** Standard-Gummischläuche (keine extra dicken/schweren)

# Welche Pedale?

Am Reiserad sind wir große Freunde von Hybrid-/Kombipedalen, die auf der einen Seite Klick- und auf der anderen Seite Plattformpedal sind. Ein längeres Radfahren ohne Klickpedale können wir uns gar nicht mehr vorstellen, da aus unserer Sicht nur der fixe Kontakt zwischen Pedal und Schuh auf Dauer einen flüssigen, effizienten und kräfteschonenden Tritt ermöglicht. Auch die exakte Position des Fußballens über der Pedalachse ist am Klickpedal immer garantiert, sofern man die Cleats am Schuh richtig montiert hat.

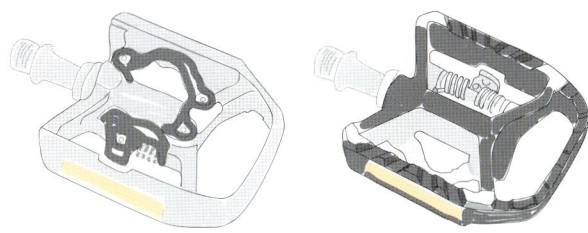

*Kombipedal: auf einer Seite Klick-, auf der anderen Plattformpedal*

Die Plattformseite des Pedals ist ein griffiges Flatpedal mit großer Trittfläche. Wir nutzen sie vor allem, wenn es regnet und wir in unsere Kunststoffsandalen schlüpfen, um die Schuhe trocken zu halten (s. Kapitel *Kleidung*). Aber auch bei technisch sehr schwierigen Geländeabfahrten oder auf tief-sandigem Untergrund kann es vorkommen, dass wir der Plattformseite den Vorzug geben, um den Fuß notfalls schneller am Boden zu haben.

Ein verlässlicher Auslösemechanismus ist beim Klickpedal das A und O – Shimano bietet unserer Meinung nach auf diesem Sektor mit seinen XT-Modellen seit vielen Jahren Top-Produkte zu einem vernünftigen Preis. Und nachdem die Pedale der wichtigste Kontaktpunkt zwischen Mensch und

Fahrrad sind (den Sattel verlässt man immer wieder im Wiegetritt und den Lenker zumindest mit einer Hand regelmäßig), empfehlen wir, hier nicht am falschen Platz zu sparen.

Erfahrungsgemäß klappt selbst für Anfänger der Umstieg von Plattform- auf Klickpedale problemlos und schnell. Bei allen gängigen Klickpedalen kann man die Auslösehärte jederzeit sehr einfach mit einem Inbusschlüssel verstellen. Wenn jemand unsicher ist, macht es Sinn, zu Beginn die leichteste Auslösestufe zu wählen und ein paarmal auf einem ungefährlichen Weg das Ein- und Ausklicken zu üben.

Fährt man dennoch lieber mit reinen Plattformpedalen, sind ein großflächiges Pedal und passendes Schuhwerk mit möglichst wenig Profil auf der Sohle ratsam.

Hybrid-/Kombipedale sind für Radreisen die beste Wahl.

# Welcher Sattel?

Kaum ein anderer Teil am Fahrrad ist so stark von individuellen Bedürfnissen und Vorlieben bestimmt wie der Sattel. Insofern macht es wenig Sinn, allgemeine Tipps oder Empfehlungen für bestimmte Formen oder gar Modelle zu geben.

Auffallend beliebt sind bei Radreisenden stilvoll-klassische Ledersättel aus dem Hause Brooks, deren Montage alleine schon oft als Statement für ein

„richtiges" Reiserad angesehen wird. Angeblich passen sich diese Ledersättel sogar mit der Zeit der eigenen Gesäßform an und garantieren so – bei entsprechender Pflege – optimalen Sitzkomfort für viele Jahre. Nachdem wir beim Radfahren zum Glück keine Probleme mit dem Sitzfleisch haben, sind wir nicht auf so edlen, dafür aber auf etwas leichteren Sätteln unterwegs.

Unsere Tipps, wenn man zu Sitzbeschwerden neigt:

- so oft wie möglich aus dem Sattel steigen – zumindest für kurze Zeit
- regelmäßig Pausen machen – auch kurze Foto-Stopps tragen zur Entlastung bei
- wunden Stellen mit Hirschtalg oder anderen Cremen vorbeugen
- eh klar: eine gut gepolsterte, nicht reibende Radhose oder -unterhose (s. Kapitel *Kleidung*)

Erwähnen möchten wir an dieser Stelle zumindest die sehr einfache Methode einer Sitzknochenvermessung, die viele Fahrradgeschäfte ihren Kunden bieten. Dazu setzt man sich auf einen normalen Karton, in den sich die Abdrücke der Sitzknochen pressen. Der Händler zückt danach sein Maßband und kann anschließend über die optimale Sattelbreite Auskunft geben, damit die Sitzknochen vollflächig auf dem Sattel aufliegen und empfindliche Bereiche entlastet werden.

# Welche Gepäckträger und Taschen?

Geländeorientierte Radreisende, die zum Teil mit Fullys (voll gefederten Mountainbikes) unterwegs sind, meiden seitliche Taschen, da diese – sofern überhaupt montierbar – auf schmalen Singletrails schnell zum Problem werden können. Diese Zielgruppe findet heutzutage in der Kategorie „Bikepacking" eine
Menge kreativer und guter Möglichkeiten, ihre Ausrüstung relativ einfach und
bequem am Fahrrad zu verstauen – ebenso wie Radreisende, die mit nur wenig
Gepäck auf ihren herkömmlichen Rennrädern mehrtägige Touren fahren möchten. „Wenig Gepäck" bedeutet circa 10–15 kg Gewicht beziehungsweise 30–40 l
Volumen, was in etwa einem mittelgroßen Wanderrucksack entspricht, wie er
für Mehrtagestouren von Hütte zu Hütte empfohlen wird.

„Bikepacking"-Reiserad

Auch wenn unser Fokus vorrangig auf mehrwöchigen Radreisen mit Zelt, Kocher und (arbeitsbedingt) einigem technischen Equipment liegt, ist die Faszination „Bikepacking" für uns absolut nachvollziehbar. Bisher waren wir auf
mehrtägigen Mountainbike- und Rennradtouren jedoch immer mit Rucksäcken
unterwegs, was auf Dauer körperlich viel mühsamer ist, als wenn das Gepäck in
mehreren kleinen Taschen am Fahrrad montiert ist. Bikepacking-Systeme funktionieren grundsätzlich für alle Fahrradtypen – unabhängig von Gepäckträger-
Ösen im Rahmen. Damit sind sie auch für klassische Randonneure interessant,
die oft mit Minimalgepäck unterwegs sind, um auf der Straße enorme Distanzen von A nach B in nur wenigen Tagen zurückzulegen.

Der Großteil der Radreisenden ist – so wie wir – mit Heck- und Frontgepäck-trägern unterwegs, die man an Rahmen und Gabel montiert. Mit dieser Me-thode lässt sich am meisten Gewicht sicher am Fahrrad transportieren. Für die entsprechenden Gepäckträger (abhängig von den Gewinden und Ösen am Rahmen) gilt aus unserer Sicht der Grundsatz: je robuster, desto besser – als Material kommt hier nur Stahl infrage. Gepäckträger der Marke Tubus haben am Radreisesektor seit Jahrzehnten den Ruf, unzerstörbar zu sein – insofern haben wir da bei unserer Kaufentscheidung nicht lange hin und her überlegt. Wenn man mit Zelt und Kocher richtig schwer bepackt ist, empfehlen wir auf jeden Fall auch die Montage eines vorderen Lowrider-Gepäckträgers, um das Gesamtgewicht optimal am Fahrrad zu verteilen. Und wenn man darüber hin-aus seine etwas schwereren Gepäckstücke in tiefer hängenden Vorderradta-schen verstaut und in die ohnehin voluminöseren Hinterradtaschen eher leich-te Sachen packt, kann man das Fahrverhalten (unter anderem Lenkverhalten und Geradeauslauf) durchaus positiv beeinflussen (s. Kapitel *Rund ums Packen*).

Es gibt auch Radreisende, die mit einem Anhänger-System unterwegs sind. Für uns ist das definitiv keine Option, sowohl hinsichtlich Gewicht (Eigengewicht des Anhängers) als auch hinsichtlich Handling (Geländeabfahrten, Schiebe- und Tragepassagen, schnell einmal umdrehen ...).

*Reiseräder mit Front-/Lowrider- und Heckgepäckträgern (Oman/Hadschar-Gebirge)*

Bei Fahrradgepäcktaschen macht es Sinn, neben der guten Verarbeitung robuster Materialien auf eine verlässliche Wasserdichtheit zu achten. Diese steht ganz offensichtlich im Widerspruch zu einem übersichtlichen Ordnungssystem, wie man es von Taschen mit mehreren (Außen-)Fächern sowie einem Rundherumzipp kennt, bei denen man nach dem Öffnen der Tasche den Inhalt komplett einsehen und beliebig entnehmen kann. Gerade für Essen und Küchenutensilien ist das natürlich praktischer, als nur eine zentrale Öffnung von oben zu haben, wie sie die zu hundert Prozent wasserdichten Taschen aufweisen. Eine mögliche Lösung wäre, verschiedene Taschensysteme je nach Inhalt zu kombinieren – also heikle Dinge (Kleidung, Schlafsachen) in absolut wasserdichte und weniger heikle (Küchengeschirr, Werkzeug) in übersichtsfreundliche Taschen zu packen.

Das eigentliche Herzstück einer ordentlichen Reiserad-Gepäcktasche ist jedoch deren Aufhängesystem. Gerade hier haben wir leider noch kein Modell gefunden, das uns auf ganzer Linie überzeugt und glücklich macht. Fast alle erhältlichen Taschen lassen sich zwar sehr einfach und schnell vom Gepäckträger nehmen und wieder montieren, haben jedoch keine Möglichkeit einer fixen Arretierung, was spätestens dann ärgerlich ist, wenn eine Tasche während der Fahrt plötzlich vom Rad purzelt. Die meisten Systeme sind aus Kunststoff, der zwangsläufig – je nach Einsatz (Gewicht der Taschen und Gelände) – irgendwann ermüdet. Das Herabfallen einer Tasche während der Fahrt ist natürlich gefährlich (Sturzgefahr) und kann einen unterwegs vor viele ernsthafte Probleme stellen (Verlust der Tasche – etwa bei Fahrten direkt neben einem Gewässer – oder Defekt von Gegenständen wie Laptop, Solar-Kit etc.). Bei uns war es bereits nach knapp zwei Jahren so weit, sodass wir uns unterwegs mit Draht helfen mussten, um die Taschen weiter am Träger zu halten. Deshalb lautet unser großer Wunsch an die Fahrradtaschen-Produzenten: Bitte entwerft ein System mit ordentlichen Metallschienen und -haken anstelle von Kunststoff sowie einer sicheren Verriegelung.

Damit unsere Erfahrungen nicht zu beängstigend klingen: Die Gepäcktaschen renommierter Hersteller halten grundsätzlich verlässlich großen Belastungen stand – selbst auf ruppigen Pisten. Im Normalfall braucht man sich bei korrekter Montage keine Gedanken hinsichtlich eines plötzlichen Herabfallens der Taschen zu machen. Wer jedoch sehr schwer bepackt und lange Zeit auf holprigen Pfaden unterwegs ist, sollte sich zumindest für den Notfall rüsten und beispielsweise etwas Draht mitnehmen.

Sehr gute Dienste haben uns bisher unsere Lenkertaschen (7 l) erwiesen. Dinge, die man oft und schnell bei der Hand haben möchte (zum Beispiel Fotoapparat, Straßenkarte etc.), sind hier ebenso gut aufgehoben wie kleine Einkäufe oder – in entsprechenden Gefäßen – Ernteerfolge wie Beeren oder Pilze.

Derzeit haben wir ausschließlich wasserdichte Heck- (40 l/Paar) und Frontgepäckträgertaschen (30 l/Paar) mit einer zentralen Öffnung im Einsatz und verschaffen uns mit verschiedenfarbigen Innenpacksäcken etwas mehr Übersicht. Richtige Packsäcke haben gegenüber einfachen Plastiksackerln den großen Vorteil, dass sie reißfest und – wenn mit Ventil ausgestattet – optimal komprimierbar sind (s. Kapitel *Rund ums Packen)*.

Wenn wir voll bepackt unterwegs sind, montieren wir am Gepäckträger zwischen unseren Hinterradtaschen noch einen wasserdichten Packsack, in dem sich zum Beispiel das Zelt oder die komplette Regenmontur praktisch verstauen lässt. Für die Montage am hinteren Gepäckträger eignen sich robuste Spanngurte besser als Gummispanner.

**Gepäckträger**: nur aus Stahl – je robuster, desto besser!

**Gepäckträgertaschen**: Am besten selbst ausprobieren, auch wir haben das perfekte System leider noch nicht gefunden.

# Welche Flaschenhalter und Trinkflaschen?

Je nach Rahmen hat man 1–3 Montagemöglichkeiten für Flaschenhalter. Nachdem wir auch auf Radreisen normale Fahrrad-Trinkflaschen verwenden, in die wir immer nur reines Wasser füllen (s. Kapitel *Trinken – Wasser, Wasser, Wasser*), haben wir jeweils drei Standard-Flaschenhalter am Rahmen montiert. Wenn man mit zwei Trinkflaschen auskommt, kann man in einen der Flaschenkörbe auch eine Werkzeugbox („Werkzeugflasche") stecken, die man dann im Fall der Fälle schnell bei der Hand hat. Am besten montiert man diese am Unterrohr, da die Halterposition an dieser Stelle am meisten verschmutzt, was bei der Werkzeugbox relativ egal ist. Für die Trinkflaschen macht die Position im Rahmendreieck sowieso mehr Sinn, damit sie während der Fahrt jederzeit griffbereit sind.

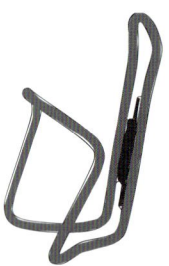 Bei den Flaschenhaltern ist wichtig, dass sie stabil und dennoch halbwegs leicht sind und selbst auf ruppigen Pisten oder im Gelände ihren Inhalt fest im Griff haben. Auf unsere Topeak-Shuttle-Cage-Aluminium-Flaschenhalter (49 g) konnten wir uns bisher immer absolut verlassen – egal ob auf Radreisen oder beim Mountainbiken.

Die Trinkflaschen sollten nicht nach Plastik schmecken und BPA-frei sein. Unsere Favoriten sind seit vielen Jahren CamelBak-Podium-Flaschen aus TruTaste™-Kunststoff. Trinkflaschen aus hartem Material (Kunststoff, Alu, Edelstahl etc.) kommen für uns nicht infrage, da wir es bevorzugen, mit einmal Drücken möglichst viel Wasser in den Mund zu bekommen. Wem das egal ist, der findet in dünnwandigen Edelstahl-Trinkflaschen hygienisch bessere Lösungen und kann diese im Notfall sogar als Kochgeschirr nutzen. Es gibt für 1- und 1,5-L-PET-Flaschen auch spezielle Flaschenhalter. Wir favorisieren vom Trinkkomfort sowie

von der Haptik her die 710-ml-Trinkflaschen, die zudem helfen, Müll in Form von Wegwerfflaschen zu reduzieren. Für größere Wasservorräte haben wir ohnehin unsere Wassersäcke dabei, die wir über die Gepäcktaschen schnallen (s. Kapitel *Wassersäcke*).

# Beleuchtung: Batterie oder Nabendynamo?

Diese Frage wird bereits bei der Wahl der Laufräder entschieden. Wir haben uns aufgrund von Kosten, Gewicht und Rollwiderstand gegen einen Nabendynamo entschieden. Im Normalfall sind wir auch nicht mit dem Rad unterwegs, wenn es dunkel ist – wir suchen lieber die Mitternachtssonne als Polarlichter. Für den Fall, dass wir doch einmal im Finsteren starten, in die Dunkelheit kommen, da sich kein geeigneter Zeltplatz findet, oder bei unbeleuchteten Tunnelfahrten sorgen wir natürlich mit entsprechenden Leuchten vor. Unsere Gepäcktaschen haben zudem großflächige Reflektoren, die im Dunkeln zusätzlich Sicherheit geben.

Für all jene, die viel und gerne bei Dunkelheit reisen, macht ein Nabendynamo mit Sicherheit Sinn. Ein großer Vorteil von den meisten modernen Nabendynamos ist, dass sie neben der Beleuchtung unterwegs eine Energieversorgung für elektronische Geräte wie Smartphone, GPS oder Kamera ermöglichen. Nachdem wir jedoch auf unseren Reisen auch immer die Arbeit (Laptop) mit dabeihaben, sind wir hier ohnehin auf stärkere Lösungen angewiesen, die auch an Tagen Energie liefern, an denen wir nicht am Fahrrad unterwegs sind (s. Kapitel *Technik: GPS und Solar*).

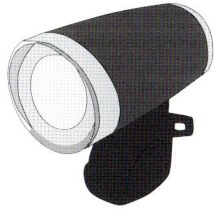

Was man bedenken sollte: Neben dem Sicherheitsaspekt ist die Frage der richtigen Beleuchtung auch immer eine juristische und damit abhängig vom jeweiligen Land, durch das man reist. Sollte es zu einem Unfall kommen und man nicht korrekt ausgerüstet sein, kann eine Teilschuld schnell die Folge sein.

# Was kommt auf den Lenker?

Je nach Lenkermodell (s. Kapitel *Welcher Lenker?*) wickelt man entweder ein Lenkerband um den Lenker oder montiert Griffe. Auf Flatbar-Lenkern bieten sogenannte Ergo-Griffe eine größere Handauflagefläche und können helfen, einschlafenden Fingern oder schmerzenden Händen vorzubeugen. Zudem gibt es speziell gepolsterte Griffe, die einen höheren Dämpfungskomfort versprechen. Viele Radreisende bevorzugen auch Lenkerhörnchen (Barends), um durch regelmäßige Wechsel der Griffposition Muskulatur und Handgelenke zu entlasten. Nachdem wir nicht so empfindlich sind, verwenden wir „normale", leichte und günstige Schaumstoffgriffe, die bei jedem Wetter einen guten Halt bieten.

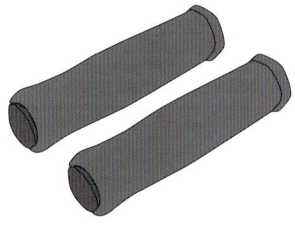

*Schaumstoffgriffe*

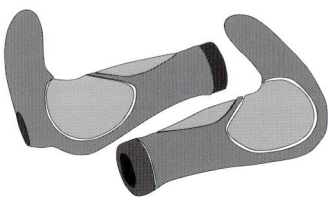

*Ergo-Griffe mit integrierten Hörnchen*

Und neben den Brems- und Schalthebeln haben wir am Lenker noch eine kleine Klingel, eine Halterung für unser GPS-Gerät beziehungsweise einen kleinen Fahrradcomputer sowie das Montageset unserer Lenkertasche montiert. Einige Radreisende haben am Lenker auch einen kleinen Rückspiegel angebracht, um auf den Straßen den sich von hinten nähernden Verkehr besser im Blick zu haben.

## Was haben wir nicht montiert?

Wenn auch nicht immer ganz konsequent, so folgen wir beim Radreisen doch so gut es geht unserem Motto: „Alles weglassen, was wir nicht unbedingt brauchen!" Neben dem Gewicht ist es oft die Optik, die uns im Streben nach Reduktion bestärkt. Zum Beispiel haben wir bewusst keine Schutzbleche montiert, da bei Regen und Straßennässe erstens die Gepäcktaschen einiges abhalten, zweitens wir jederzeit recht schnell in unsere Regen-Überhosen schlüpfen und drittens uns Räder ohne Schutzbleche optisch besser gefallen. Gröbere Verschmutzungen, die sich zwischen Reifen und Schutzblechen ansammeln, können darüber hinaus zu unnötigen Problemen führen. Auch Seitenständer sind in unseren Augen Fremdkörper am Fahrrad. Da wir ohnehin immer zu zweit unterwegs sind und unsere Bikes ohne Probleme aneinanderlehnen, sollten wir keine Möglichkeit finden, sie irgendwo stehend zu positionieren, sind Fahrradständer für uns auch nicht notwendig. Und die 300 g Mehrgewicht investieren wir lieber in Nahrungsmittel.

Es gibt noch eine Reihe anderer Dinge wie Fahnen und Wimpel, Fuchsschwänze oder Lautsprecherboxen, die man an seinem Fahrrad montieren kann – oder eben auch nicht. Ein Reiserad ist in jedem Fall etwas zutiefst Persönliches und sollte entsprechend individuell geprägt sein. Klar, irgendwie ist es ja auch für sehr lange Zeit das eigene Zuhause. Insofern ist es notwendig, hier auf seine eigenen Vorlieben und Bedürfnisse zu achten. Denn das Wichtigste überhaupt ist – wir wiederholen uns absichtlich an dieser Stelle –, dass man gerne auf sein Rad steigt und Freude am Fahren hat.

*Aneinandergelehnte Fahrräder sparen die Seitenständer.*
*(Taiwan/Ostküste)*

# Werkzeug und Ersatzteile

Wer viel und weit fährt, sollte sich mit der Technik seines Fahrrades vertraut machen. Lehr-Videos auf YouTube oder Technik-Workshops in Fahrradwerkstätten machen definitiv Sinn, um Know-how aufzubauen und bei technischen Problemen besser gerüstet zu sein. Die Liste an Werkzeugen und Ersatzteilen richtet sich natürlich stark danach, mit welchem Fahrrad man wo unterwegs ist. Ein Radreisender am Donauradweg wird anders ausgestattet sein als jemand, der ein paar Tage oder Wochen fernab jeder Zivilisation in die Pedale tritt. Unser Basispaket, das wir auf längeren Radreisen fast immer mitführen, damit wir uns im Fall der Fälle selbst in dicht besiedelten Gegenden den Weg in die Werkstatt sparen, möchten wir hier kurz vorstellen.

Wir sind grundsätzlich keine Fans von Multitools, da wir bisher mit diesen nur schlechte Erfahrungen gemacht haben. Entweder war der Hebel zu kurz oder das Tool insgesamt zu sperrig beziehungsweise zu unhandlich. Viele Multitools inkludieren auch irgendwelche Werkzeuge/Größen, die man gar nicht braucht. Bei Inbus- und Torx-Schrauben arbeiten wir am liebsten mit einzelnen, langstieligen Schlüsseln, wobei wir bei Inbusschlüsseln Modelle mit einem Kugelkopf an der langen Seite bevorzugen, um auch schwer zugängliche Schrauben schnell und einfach rein-/rausdrehen zu können. Für unsere Packliste kategorisieren wir thematisch und prüfen alle montierten Schrauben unserer Reiseräder, um nur jene Schlüssel beziehungsweise Größen mitzunehmen, die wir wirklich brauchen.

**Bitte beachten: Die folgende Auflistung ist exakt auf unsere Fahrräder abgestimmt und dient nur als Anregung beziehungsweise Vorlage, um die eigenen Anforderungen an Werkzeug und Ersatzteile zu überprüfen. Im Zweifel empfehlen wir, gemeinsam mit einem Fahrradhändler die Werkzeug- und Ersatzteil-Liste zu besprechen.**

## BASIS-WERKZEUG

- Inbus Nr. 2,5 – 3 – 4 – 5; Inbus Nr. 8 nehmen wir nur mit, wenn wir transportbedingt die Pedale (de-)montieren müssen
- Torx Nr. T25, allerdings nur, wenn wir Bikes mit 6-Loch-Bremsscheiben fahren
- Knipex 86 03 150 Mini-Zangenschlüssel (bis 27 mm; 125 g) – ersetzt 7-mm-Schraubenschlüssel für Shimano-Scheibenbremse (zum Entlüften) und 8 mm für Shimano-Scheibenbremse (Anschlussschraube) sowie 24-mm- (oder 25-mm-)Maulschlüssel für Zahnkranzabzieher
- Kreuzschraubenzieher (passt für Umwerfer, Schaltwerk, Schaltauge, Schalthebel/Schaltzugtausch)
- Bowdenzugzange (für Draht- oder Schaltzüge)
- Kabelbinder (verschiedene Breiten und Längen)
- Reserveschrauben und Beilagscheiben (für Gepäckträger, Flaschenhalter etc.)
- 1–2 m Draht
- Gaffer Tape

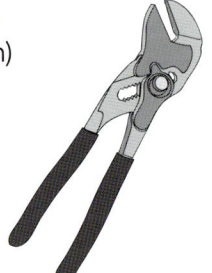

## ANTRIEB/SCHALTUNG

- Kettennieter – unser Topeak Super Chain Tool wiegt nur 65 g und hat einen Kettenmontagehaken dabei, der beim Flicken der Kette Gold wert ist. Wir verwenden den Kettennieter nur zum Öffnen/Lösen defekter Glieder; zum Schließen nehmen wir Kettenschlösser.
- Kettenschlösser (KMC oder SRAM) – zum Kettenmaß passend (bei uns 10-fach); nachdem diese so gut wie nichts wiegen, haben wir für den Notfall immer mehrere mit dabei (3–4).
- Schaltzugsatz (2 x Innenzug, 1 x Außenhülle, diverse Endkappen und Quetschhülsen/Endtüllen)

- Reserveschaltauge (muss zum Rahmen passen!)
- Zahnkranzabzieher („Nuss") plus passender Maulschlüssel bzw. Zangenschlüssel (s. o. *Basis-Werkzeug*) – brauchen wir auch für Centerlock-Verschlussmutter der Bremsscheiben.
- Die Kettenpeitsche zur Demontage der Kassette lassen wir zu Hause (s. u. *Reifen/Laufrad)*; es gibt extrem leichte und kleine Alternativen zur Kettenpeitsche, wie z. B. den UNIOR-1669/4-Zahnkranzabnehmer und Speichenschlüssel, den wir auf Radreisen zwar immer dabei, aber bisher noch nie im Einsatz hatten.
- Für die Pflege: Lappen, WD40, Schmiermittel/Kettenöl

*Bei uns immer mit dabei:*
*Kettenschloss und Schaltauge*

## REIFEN/LAUFRAD

- 2 Kunststoff-Reifenheber
- Mini-Luftpumpe – unsere Blackburn-AirStik-SL-Minipumpe passt in jede Trikottasche oder Werkzeugbox und wiegt nur 58 g. Zwar pumpt man sehr lange, bis der Reifen hart ist, aber für die zum Glück sehr seltenen Fälle einer Reifenpanne nehmen wir uns dann gerne ein paar Minuten mehr Zeit und sparen lieber bei Größe und Gewicht.
- Reparatur-Kit für Fahrradschlauch (Flicken, Kleber, Sandpapier) plus Extra-Flicken
- Reifenflicken (Park Tool TB-2)
- Speichenschlüssel (mit dem UNIOR-1669/4-Zahnkranzabnehmer und Speichenschlüssel s. o. bereits dabei)

- 3–4 Reservespeichen (am besten in der Werkstatt erfragen, welche es braucht); sollte eine Speiche rechts hinten reißen, müsste man natürlich die Kassette abnehmen, was ohne passendes Werkzeug (s. o. *Antrieb/Schaltung)* so gut wie unmöglich ist; in diesem Fall helfen entweder der UNIOR-1669/4-Zahnkranzabnehmer oder etwas Optimismus, mit einem leichten 8er bis zur nächsten Werkstatt zu gelangen. Wer auf Nummer sicher gehen möchte, kann auch eigene Notfallspeichen mitnehmen, die sich ohne Zahnkranzabnahme montieren lassen (entweder Eigenbau oder z. B. FiberFix Emergency Spoke Replacement Kit).
- Reserveschlauch
- Reservereifen (wir nehmen irgendeinen alten, halbwegs leichten und faltbaren Reifen mit, der für den Notfall vollkommen ausreichend ist – ähnlich einem unterdimensionierten Reserverad beim Auto)

## SCHEIBENBREMSEN

- Reservebremsbeläge (pro Laufrad 1 Packung)
- Spacer/Transportsicherung für Bremsbeläge (falls die Laufräder für den Transport ausgebaut werden)
- Reservebremsscheibe
- Entlüftungsset inkl. Bleeding-Spacer und eine kleine Menge der passenden Bremsflüssigkeit (bei Shimano: Mineralöl)
- Anschluss-Set (Olive, Insert-Pin, Verbindungsschraube) – sollte die Leitung beim Lenker abknicken
- Zum Reinigen oder Aktivieren feststeckender Kolben: Wattestäbchen, Spritze für Bremsflüssigkeit

*Das alles kommt mit ...*
*(Italien/Venetien)*

# Was kommt alles in die Taschen?

Je nach Fokus und Ziel einer Radreise variieren Inhalt, Gewicht und Volumen der benötigten Gepäcktaschen extrem. Man kann mit einer Minimalausrüstung (Rucksack oder Bikepacking-Taschen) wunderbare Mehrtagestouren mit dem Fahrrad unternehmen. Viele Radreisende nächtigen ausschließlich in überdachten Quartieren und sparen sich damit unter anderem Zelt, Schlafsack, Isomatte und Kopfkissen. Viele kochen unterwegs nicht selbst, da sie ausschließlich durch Gegenden reisen, in denen es alle paar Kilometer Lebensmittelläden, Cafés, Imbissbuden oder Restaurants gibt, die all ihre kulinarischen Wünsche erfüllen. Die meisten Radreisenden müssen unterwegs nicht arbeiten und sind damit nicht auf eine gewichtige technische Basis-Ausstattung angewiesen (Laptop, Smartphone, Solarpanel, Akkus, Ladegeräte).

Auch unsere Packliste sieht nicht für jede Radreise gleich aus. Dennoch liegt der Schwerpunkt dieses Kapitels ganz klar auf Ausrüstungsgegenständen, die es uns ermöglichen, unabhängig von Unterkünften oder Gastronomiebetrieben, für längere Zeit möglichst autark auf Reisen zu sein.

Unsere ersten Mehrtagestouren mit dem Fahrrad liegen bereits Jahrzehnte zurück – mit Rennrad und Rucksack in den 1980er-, mit Mountainbike und Rucksack in den 1990er-Jahren. Danach folgten viele Jahre Rennsport, in denen wir bei Mountainbike-Etappenrennen auch den Komfort des organisierten Gepäcktransports von Hotel zu Hotel genießen durften. So tief wir mit dem Radsport verwurzelt sind, so unerfahren und unwissend waren wir am Outdoor- beziehungsweise Campingsektor, bevor wir uns entschieden hatten, in eine komplette Ausrüstung mit Zelt, Kocher und allem Drum und Dran zu investieren, um noch näher und intensiver die Natur zu genießen und auch in Gegenden zu übernachten, wo weit und breit keine Hütten, Pensionen oder Hotels existieren.

Entsprechend aufwendig und langwierig gestalteten sich unsere Ausrüstungsrecherchen am Campingsektor. Bevor wir in Wien einen kleinen, aber seit vielen Jahren renommierten Outdoor-Laden aufsuchten, studierten wir alle möglichen Online-Foren und Testberichte, um uns nicht völlig ahnungslos von den Experten im Geschäft beraten zu lassen.

Natürlich kann man selbst nach der besten Beratung und den intensivsten Recherchen nicht bereits vor der ersten Zeltreise zum allwissenden Outdoor-Experten heranreifen. Das meiste Wissen sammelt man immer noch unterwegs durch die eigenen Erfahrungen. Und auch wenn wir in den letzten Jahren großartige Radreisen in den unterschiedlichsten Ländern und Gegenden unternommen haben, sind wir meilenweit davon entfernt, alles auf diesem Gebiet zu wissen oder korrekt beurteilen zu können.

Wir möchten hier unsere Ergebnisse der Recherchen und Beratungsgespräche mit den unterschiedlichsten Experten sowie unsere Erfahrungen von unterwegs wiedergeben, ohne den Anspruch zu erheben, jedes (Konkurrenz-)-Produkt zu berücksichtigen geschweige denn zu analysieren.

*Abseits der Zivilisation*
*(Norwegen/Saltfjellet-Svartisen-Nationalpark)*

Und wie schon beim Reiserad gibt es niemals die eine, einzig wahre Outdoor-Ausrüstung für alle Einsatzzwecke. Je mehr man unterwegs ist, desto bunter werden die Zelte, Schlafsäcke und Campingutensilien, die man bei anderen Reisenden zu Gesicht bekommt. Individuelle Vorlieben und Bedürfnisse sind auf diesem Sektor genauso vielfältig wie bei der Wahl des richtigen Fahrrads. Dennoch: Für irgendeine Ausrüstung muss man sich entscheiden, vor allem wenn man alles neu kaufen muss. Insofern hoffen wir, dass wir mit unseren Erfahrungen und Berichten den einen oder anderen Entscheidungsprozess erleichtern können.

## Welches Zelt?

Die Frage nach dem richtigen Zelt ist keine einfach zu beantwortende. Auch wir überlegten etwas länger, ob für unsere Anforderungen ein Kuppel- oder ein Tunnelzelt besser geeignet sein würde. Ein Geodät-Zelt schied schon alleine wegen seines hohen Gewichts von Beginn an aus. Ganz allgemein gelten jeweils als größte Vorteile:

- Tunnel: Raum- zu Gewichtsverhältnis
- Kuppel: flexibel bei der Zeltplatzsuche (quasi selbststehend)
- Geodät: extrem sturmstabil

Unsere Entscheidung fiel auf eine Art Mischform – das Exped Venus II Extreme, eine extrem windrobuste, selbststehende Konstruktion mit viel Raum im Verhältnis zum Gewicht (2,8 kg) sowie zwei Eingängen und Apsiden jeweils an der Seite, rein optisch auf jeden Fall mehr Kuppel- als Tunnelzelt. Auch bei der Farbe mussten wir etwas hin und her überlegen. Schließlich gaben wir dem Argument der besseren Tarnung gegenüber dem des schöneren Fotomotivs den Vorrang und wählten Moosgrün anstelle von Terrakotta.

Und in der Praxis: Unser gesamtes Gepäck bringen wir locker in den beiden Apsiden unter und haben dennoch genügend Platz zum Ein- und Aussteigen. Wenn es regnet, nutzen wir – sofern es der Standplatz erlaubt – unsere sehr geräumige Vorzelterweiterung (Outer Space), die wir einfach und schnell an unser Zelt andocken und in der wir dann bequem sitzen, kochen sowie unsere Kleidung trocknen können (Gewicht inkl. Gestänge: 1,2 kg). Je nach Reiseziel entscheiden wir, ob wir das Outer Space mitnehmen oder uns das Zusatz-gewicht sparen. So haben wir sowohl für Leichtgewichteinsätze – auch für Bergtouren zu Fuß – als auch für komfortorientierte Reisen in kühl-feuchte Regionen wie Skandinavien eine perfekte Lösung.

Als wir in Taiwan öfters auf asphaltierten Vorplätzen kleiner Straßentempel unser Zelt aufstellten, da uns das dichte Gestrüpp der tropischen Wälder mit all seinen exotischen Tieren nicht wirklich lockte, konnten wir natürlich keine Heringe einsetzen und waren extrem froh über die Möglichkeit, unser quasi

*Unser Zelt mit angedocktem Outer Space*
*(Norwegen/Dovrefjell-Sunndalsfjella-Nationalpark)*

selbststehendes Zelt zwischen den Laufrädern unserer am Boden gegenüberliegenden Bikes zu verkeilen sowie an deren Rahmen halbwegs robust
abzuspannen.

*Not macht erfinderisch – Zelt
zwischen den Laufrädern verkeilt
und an den Rahmen abgespannt
(Taiwan)*

Für sandig-steinige Böden haben wir immer extra lange (23-cm-)Felsnägel mit
à 17 g, ohne die wir schon oft Probleme gehabt hätten, unser Zelt zumindest
an den vier Haupteckpunkten ordentlich zu verankern. Oft kann man sich mit
großen Steinen oder Wasserflaschen helfen, um die Abspannleinen zu fixieren,
aber nicht immer.

Sehr hilfreich ist die zum Zelt passende Unterlage (Footprint), um den Zeltboden so gut es geht vor mechanischer Belastung, Nässe und Schmutz zu schützen. Auch in den Apsiden kann ein Footprint nützlich sein, um den feuchten
Untergrund zu bedecken.

Zum Abwischen von Regen- und Kondensatwasser am Morgen verwenden wir
ein Küchen-Schwammtuch, das fixer Bestandteil unserer Packliste ist.

Nach mehr als 100 Übernachtungen bei unterschiedlichsten Boden- und Wetterverhältnissen erfüllt unser Zelt alle aus unserer heutigen Sicht relevanten Kriterien für ein universell einsetzbares Radreise-Zelt bravourös:

- hohe Sturm- und Schlechtwetter-Resistenz – wenn diese nicht gegeben ist, kann es sehr ungemütlich, wenn nicht gar gefährlich werden
- gute Durchlüftung – um Kondensat zu reduzieren und bei Hitze Zugluft zu ermöglichen
- geräumige Apsiden beziehungsweise eine Zelterweiterung für mehr Komfort bei Schlechtwetter
- selbststehend, also eine möglichst hohe Flexibilität hinsichtlich des Standplatzes – wichtig je nach Untergrund und Abspannmöglichkeiten

*Gletscherblick*
*(Norwegen/Sognefjell)*

- einfacher und schneller Auf- und Abbau – spart Nerven, wenn es stürmt und regnet, und auch eine Menge Zeit, wenn man jeden Tag den Zeltplatz wechselt. Wenn es besonders eilt, haben wir zu zweit unser Zelt in weniger als drei Minuten komplett aufgestellt und robust abgespannt.

- Komfort im Innenzelt: zwei Ein-/Ausgänge beziehungsweise „Fenster" seitlich sowie genügend Platz zu zweit – auch nach oben, wenn man im Zelt sitzt; dass der Innenraum freundlich hell (gelb) ist, empfinden wir persönlich auch als sehr angenehm.

- Innenzelt abnehmen/einhängen, während das Außenzelt steht – so bleibt der Innenraum auch trocken, wenn das Außenzelt beim Zeltabbau von Regen oder Kondensat klitschnass ist.

- niedriges Gewicht – es muss nicht das Leichteste vom Leichten wie beim Trekking sein, aber auch beim Radreisen gilt: Jedes unnötige Gramm summiert sich und sollte vermieden werden.

- hochwertige Reißverschlüsse im Ein-/Ausgangsbereich – vor allem, wenn Moskitos lauern, ist ein schnelles, ruckelfreies Öffnen und Schließen Gold wert.

- ein möglichst feinmaschiges Moskitonetz – damit auch die kleinsten stechfreudigen Insekten draußen bleiben

# Welcher Schlafsack?

Die jeweiligen Vorteile von Daunen- und Kunstfaserschlafsäcken sind schnell recherchiert. Daune punktet vor allem hinsichtlich Gewicht und Packmaß, Kunstfaser hinsichtlich Preis und Nässeresistenz. Je nach geplantem Einsatz (Klimagebiet, Höhe, Jahreszeit) entscheidet man sich für die passenden Temperaturbereiche, die von den Herstellern meistens mit Komfort/Limit/Extrem ausgewiesen sind. Im Zweifel greift man besser zu einem etwas wärmeren Schlafsack. Bei uns kam es schon sehr oft vor, dass wir uns beim Einschlafen mit dem offenen Schlafsack nur zugedeckt haben und erst irgendwann in der Nacht oder früh am Morgen, wenn es am kältesten ist, in den Schlafsack hineingeschlüpft sind. Von den Wüstenregionen weiß man, dass die Nächte im Vergleich zur Tagestemperatur klirrend kalt werden, aber selbst in den höheren Regionen der Alpen kann es während der Sommermonate nachts empfindlich abkühlen und weit herunterschneien – in beiden Fällen freut man sich ganz gewiss über jedes zusätzliche Gramm Füllung.

*Auch in (rand)tropischen Gebieten froh über jedes Gramm Daune (Oman/Hadschar-Gebirge)*

Wir haben uns recht schnell für Daunenschlafsäcke des österreichischen Produzenten Carinthia entschieden, die mit dem Modell D400 alle uns wichtigen Kriterien erfüllen: minimales Gewicht (670 g), kleinstmögliches Packmaß (16 x 17 cm) und optimale Wärmeleistung für Temperaturen um die Null-Grad-Grenze (2°/–3,6°/–20,3°). Zusätzlich verwenden wir – vor allem auf längeren Reisen – Innenschlafsäcke aus Seide (150 g), da diese auch unterwegs leicht zu reinigen sind. Hinsichtlich Nässeempfindlichkeit hatten wir bisher überhaupt keine Probleme – selbst während unserer sechs Wochen durch Skandinavien waren unsere Daunenschlafsäcke nie unangenehm geschweige denn für längere Zeit feucht.

## Welche Isomatte?

Auf unseren ersten Reisen mit Zelt hatten wir selbst aufblasende, 3,8 cm dicke Isomatten im Einsatz (670 g). Vom Handling her waren wir zwar zufrieden, allerdings spürten wir vor allem in der Seitenlage an der Hüfte den

harten Untergrund und hin und wieder auch Gegenstände wie Steine oder Wurzeln durch, was auf Dauer durchaus schmerzhaft werden kann. Also beschlossen wir, in neue, etwas dickere Matten zu investieren, um unseren Schlafkomfort zu verbessern. Wir entschieden uns für die 6,3 cm dicken Luftkammermatten Neoair XTherm MAX von Therm-A-Rest, deren Packsäcke zugleich auch als „Luftpumpe" dienen. Sowohl Packmaß und Gewicht (490 g) als auch der die Isolationsfähigkeit kennzeichnende R-Wert (5,7) sind bei diesen Matten deutlich besser als bei unseren alten. Zwar kostete fortan das Befüllen mit Luft täglich ein paar Minuten mehr Zeit – der Schlafkomfort stieg im Gegenzug jedoch gewaltig, was gerade bei längeren Reisen von unbezahlbarem Wert ist.

# Für noch mehr Komfort im Zelt ...

... spannen wir über unsere Isomatten Baumwollleintücher, die wir zu Hause entsprechend zugeschnitten und abgenäht haben (200 g pro Leintuch). Wenn es im Zelt warm ist, liegen wir zumindest mit dem Oberkörper – und seien es nur die Arme – weder im Innen- noch im Daunenschlafsack und haben mit der Haut somit direkten Kontakt zur Isomatte. Für uns macht es einen riesigen Unterschied, ob sich unsere Haut die ganze Nacht schwitzend am Kunststoff der Isomatte reibt oder – wie zu Hause im Bett – an kuschelige Baumwolle schmiegt. Wenn wir einmal im Zelt ein paar Tage nicht so gut schlafen, halten wir das schon aus. Wenn wir aber mehr als eine Woche mit dem Rad unterwegs sind, brauchen wir dringend einen möglichst erholsamen Schlaf. Und dafür benötigen wir auch richtige Kopfkissen. Wir haben es mit aufblasbaren Campingkissen versucht – auf denen bekommen wir kein Auge zu – oder mit Kleidungsstücken unter dem Kopfteil des (Innen-)Schlafsacks. Irgendwann haben wir dann begonnen, unsere Köpfe auf Mini-Kissen (30 x 30 cm) mit Baumwollbezügen zu betten (220 g pro Kissen) – auch kein wirklicher Gewinn. Für unsere erste richtig lange Reise (knapp drei Monate) gönnten wir uns daraufhin die Deluxe-Variante: 80 x 40 cm große Kissen mit Baumwollbezügen (à 845 g), die sich in einem Kompressionspacksack mit Ventil (s. Kapitel *Rund ums Packen*) super klein verpacken lassen. Unsere Zeltnächte waren damit auf Anhieb so erholsam wie nie zuvor. Sosehr uns grundsätzlich „unnötiges" Gewicht ein Dorn im Auge ist, wenn es um den erholsamen Schlaf geht, haben wir zwei beim Thema Kopfkissen keine andere Wahl. Jeder, der hinsichtlich Schlafkomfort auch über einen längeren Zeitraum hinweg mit einer minimalistischen Ausrüstung klarkommt, darf sich glücklich schätzen.

*Das richtige Kopfkissen – uns wichtig für einen erholsamen Schlaf*

# Welcher Kocher?

Benzin, Gas oder Spiritus? – Das fragen sich viele Trekker und Radreisende vor dem Kauf eines Campingkochers. Für uns kam von Anfang an nur ein System infrage: der Mehrstoffkocher, der mit Reinbenzin, Normalbenzin, Kerosin oder Diesel brennt und als einziger

- unabhängig von Außentemperatur und Seehöhe leistungsstark heizt,
- eine gute Regulierbarkeit der Flamme/Hitze ermöglicht – was Voraussetzung ist, wenn man richtig kochen und nicht nur Wasser erhitzen möchte –, und
- weltweit keine Probleme bereitet, an Brennstoff zu gelangen – was besonders nach Flugreisen in exotische Länder wichtig ist.

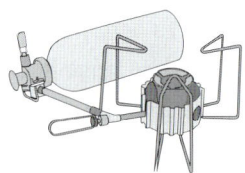

Mit dem oft als Nachteil genannten Benzingeruch hatten wir am Flughafen noch nie Probleme. Wir sind uns auch relativ sicher, dass man seinen Kocher überall vor einer Flugreise so gut reinigen und verpacken kann, dass es am Flughafen zu keinen Diskussionen kommt.

Der höhere Reinigungs- und Pflegeaufwand sowie das etwas umständlichere Anheizen von Benzinkochern gegenüber anderen Brennern hat uns anfangs noch am ehesten verunsichert. Mittlerweile haben wir unseren MSR DragonFly ohne große Mühe bereits mehrmals gereinigt und auch schon erste Verschleißteile mithilfe des Servicekits unterwegs gewechselt. Einzig die Brennstoffpumpe mussten wir einmal komplett tauschen, nachdem wir zunehmende Probleme beim Pumpen nicht mehr durch Reinigung oder Tausch von Ersatzteilen beseitigen konnten. Wir haben daraufhin eine Ersatzpumpe bestellt und sie uns an eine Adresse senden lassen, von der wir wussten, dass wir sie in ein paar Tagen erreichen werden.

Wenn möglich verwenden wir immer Reinbenzin als Brennstoff. Dieser ist zwar deutlich teurer als Normalbenzin oder Diesel von der Tankstelle, allerdings so gut wie rußfrei, was enorm praktisch ist, wenn man direkt aus Kochtopf und Pfanne speist. Außerdem verschmutzt Reinbenzin bei Weitem nicht so sehr den Kocher und verlängert damit wahrscheinlich auch entsprechend dessen Lebensdauer.

# Töpfe, Geschirr & Co.

Die Outdoor-Küchen von Radreisenden leben von enormen Kontrasten und individuellen Vorlieben. Die Ausstattung hängt grundlegend davon ab, was man unterwegs isst und trinkt und wie gerne und oft man selbst kocht. Die einen gehen ausschließlich auswärts warm essen und begnügen sich am Zeltplatz mit kalten Snacks, die anderen zaubern mitten im Nirgendwo

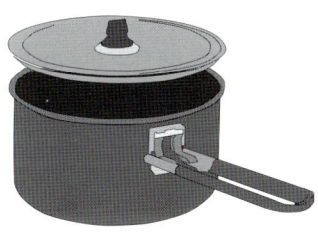

sternenkochverdächtige Menüs. Wir kochen grundsätzlich sehr gerne und viel, außer wir sind in Ländern unterwegs, in denen Essengehen ein Highlight für sich ist wie zum Beispiel im Oman (zahlreiche leckere indische Imbissbuden) oder in Taiwan (sensationelle Straßenküchen an jeder Ecke). Aber selbst dann haben wir – allein schon für den Notfall – unsere Basis-Outdoor-Küche mit dabei. Das meiste braucht man ja ohnehin, unabhängig davon, ob man sich nur einmal oder täglich mit etwas Selbstgekochtem verpflegen möchte.

Auf Radreisen so gut wie immer eingepackt haben wir:

- einen 2,5-l-Aluminiumtopf mit Siebdeckel zum Abgießen von zum Beispiel Nudelwasser (MSR Ceramic Pot, 306 g)
- eine beschichtete Aluminiumpfanne mit abnehmbarem Griff (MSR Ceramic Flex™ Skillet, Ø 22,9 cm, 6,4 cm tief, 199 g)
- da wir meistens direkt aus Pfanne und Topf essen: keine Teller, sondern zu zweit nur eine Schüssel aus Email (Ø 18 cm, 7,5 cm tief, 296 g)
- eine Trinktasse aus Email für Kaffee und Tee (375 ml, 190 g); anfangs probierten wir 46 g leichte Kunststoff-Falttassen – der Kaffee in der Früh wollte uns daraus aber irgendwie so gar nicht richtig schmecken
- eine extrem leichte Thermoskanne für Teepausen unterwegs (Thermos Ultimate MKII Flask, 900 ml, 372 g)
- Gabel und Löffel: Auf unseren ersten Reisen verwendeten wir Kunststoff-Sporks (Messer-Gabel-Löffel-Kombinationen), die uns jedoch bald beide beim Verrühren etwas festerer Reis- und Nudelgerichte abgebrochen sind. Danach kauften wir eine leichte Gabel und einen leichten Löffel aus Edelstahl – jeweils nur ein Stück, da sich die meisten unserer Gerichte sowohl mit Gabel als auch mit Löffel gut essen lassen. Falls einmal nicht (etwa Suppe), teilen wir uns das Besteck. Mit nur 63 g gesamt sind die beiden Edelstahlteile auch nicht viel schwerer als zwei Kunststoff-Sporks (à 10 g)
- ein sehr scharfes und leichtes Küchenmesser mit Wellenschliff (11 cm, 28 g)
- einen kleinen Kaffeelöffel aus Edelstahl (15 g)
- einen Pfannenwender aus Holz (42 g) – zum Servieren von Spiegeleiern und Wenden von Kaiserschmarren

Der aufmerksame Leser, die aufmerksame Leserin wird jetzt wahrscheinlich völlig zu Recht verwundert den Kopf schütteln: Da predigen die beiden seitenweise vom Gewichtsparen und schleppen dann eine Schüssel und eine Trinktasse aus Email mit? – Erwischt! So ungern wir aus Plastikbehältern essen und trinken, sosehr lieben wir Geschirr aus Email. Es mag eine Art Spleen sein, aber wenn wir unsere RIESS-Email-Tasse mit einem köstlichen Heißgetränk in unseren Händen halten, ist es für uns so, als wäre ein Stück Heimat mit auf der Reise. Vor allem in schwierigen Situationen können wohlige Gefühle dieser Art mental enorm motivieren. Und wenn bei einer Reise wirklich jedes Gramm zählt (bei uns eher Touren zu Fuß), dann bleibt natürlich auch unser Email-Geschirr zu Hause.

Eine Zeit lang hatten wir auch ein leichtes Schneidebrett aus Acryl-Kunststoff mit. Als es uns unterwegs zerbrochen ist, haben wir es später nicht ersetzt, da wir es nicht wirklich vermissten. Die meisten Obst- und Gemüsesorten lassen sich ohne Brett sehr einfach direkt in die Pfanne oder in eine Schüssel schneiden – die Stücke sind dann natürlich nicht Julienne, sondern etwas rustikaler, für unsere Camping-Gerichte passt das jedoch wunderbar (s. Kapitel *Rezepte*).

*Hoch die Tasse!*
*(Frankreich/Lothringen)*

# Wasserfilter

Ein Wasserfilter macht vorrangig in exotischen Ländern und entlegenen Gegenden Sinn, in denen eine ausreichende Wasserversorgung nicht gesichert ist. Wir haben aber auch schon in absoluten Wasserparadies-Staaten eifrig gefiltert – zum Beispiel in Schweden abends an einem größeren Fluss, da wir es zuvor verabsäumt hatten, unsere Behälter mit Trinkwasser zu füllen. Da der Aufwand, aus einem Gewässer ein paar Liter Wasser durch den Filter zu pumpen, kein allzu großer ist, gehen wir im Zweifelsfall lieber auf Nummer sicher, auch wenn das Wasser an sich „sauber" wirkt. Unser Katadyn-Pocket-Wasserfilter wiegt inklusive Hülle und Wartungsset 715 g und pumpt circa einen Liter Wasser pro Minute. Gewichtsmäßig wäre man mit chemischen Lösungen und Pillen natürlich deutlich besser dran. Meistens sind es jedoch Chlorprodukte, die chemisch am zuverlässigsten entkeimen, diese sind jedoch für uns persönlich keine Alternative zu einem Keramikfilter, der darüber hinaus auch notfalls in trüben Gewässern einsetzbar ist.

*Schnell und unkompliziert: Wasser filtern aus einem See*

# Wassersäcke

Ein absolut nützliches Utensil auf Radreisen sind Wassersäcke. Wir haben meistens zwei 4-l-Säcke dabei, um das Gewicht am hinteren Gepäckträger besser verteilen zu können. An einem der Säcke haben wir einen Duschaufsatz montiert, der die Körperpflege abends erleichtert (s. Kapitel *Duschen*). Auch beim Geschirrabwaschen hilft ein Wassersack enorm, wenn man ihn verkehrt und nur leicht aufgedreht etwa an ein stehendes Rad montiert (s. Kapitel *Geschirrwaschen*). Wenn wir am Nachmittag beide 4-l-Säcke und unsere vier Trinkflaschen mit Wasser füllen, können wir damit locker zu zweit am Abend trinken, (sparsam) duschen, Zähne putzen sowie am nächsten Morgen 1 l Kaffee und 1 l Tee (für die Thermoskanne unterwegs) kochen, Geschirr abwaschen, Zähne putzen und noch einiges Restwasser für die ersten Fahrtkilometer in unsere Trinkflaschen gießen.

# Moskitonetz/Insektenschutz

In Gegenden, in denen wir mit einem extrem unangenehmen Insektenaufkommen rechnen, nehmen wir unser sehr feinmaschiges Brettschneider-Big-Bell-Moskitonetz mit, um für den Notfall gerüstet zu sein (Mesh 1000, Umfang: 12 m, Höhe: 2,7 m, Packmaß: 38 x 13 cm, Gewicht inkl. Hülle: 494 g). „Notfall" heißt in diesem Zusammenhang, dass es ohne Schutz quasi unmöglich wäre, zu duschen oder auf die Toilette zu gehen, da jede nackte Hautstelle binnen kürzester Zeit komplett von stechfreudigen Tierchen übersät wäre. In diesen Fällen kann man dann das Moskitonetz an einen Baum oder Ast hängen und sich damit eine halbwegs schützende Hülle konstruieren. Zum Glück mussten wir bisher sehr selten diese Methode anwenden, da meistens heftiges Wedeln mit Armen, einem Handtuch oder Kleidungstück ausreichend war, um Moskitoattacken zu vermeiden. Ein paarmal waren wir aber auch schon richtig froh über unser Netz.

Öfter im Einsatz hatten wir in Skandinavien unseren Moskito-Kopfschutz *simple* von Tatonka (ebenfalls mehr als 1.000 Löcher pro Inch, Format: 35 x 25 x 25 cm, Gewicht: 30 g), und zwar immer dann, wenn am Zeltplatz Zigtausende dieser winzig-kleinen (ca. 2 mm), unangenehm beißenden Mücken überfallsartig alle freien Gesichtspartien besetzten, sobald wir ein paar Sekunden an einem Ort stehen geblieben waren oder uns gar hingesetzt hatten. Mit den Hüten am Kopf konnten wir dann zumindest in Ruhe essen, auch wenn es etwas umständlich war, für jeden Bissen oder Schluck das Kopfnetz anzuheben.

*Dusche im norwegischen Moskito-Wald (Nähe Tromsø)*

Allwirksame Insektensprays konnten wir bisher keine ausfindig machen, abgesehen davon, dass uns die meisten, die als Wundermittel angepriesen werden, zu heftige Chemiekeulen sind und/oder zu unangenehm riechen. Nur bei Bremsen-Attacken unterwegs sprayen wir mit Autan (ohne Diethyltoluamid/DEET – hilft dafür gegen Moskitos kaum bis gar nicht), da Bremsen die bisher einzigen Insekten sind, die sich auch während der Fahrt (bergauf) schon öfters auf uns gestürzt haben. In Norwegen machten wir zudem Bekanntschaft mit einer Art Mischung aus Bremse und Biene (wir tauften sie deshalb

*Frühstück unter erschwerten Bedingungen (Norwegen/Austvågøya)*

„Briene"), die sich als enorm stech- beziehungsweise beißfreudig erwies und sich unterwegs nur durch Sprayen von unseren Körpern fernhalten ließ.

# Hygiene

Zum Waschen und Duschen verwenden wir eine biologisch abbaubare Flüssigseife (Care Plus® Clean Bio Soap, 100 ml in der Flasche), mit der man auch Geschirr oder Wäsche reinigen kann. Vor allem beim Duschen reichen sehr kleine Mengen vollkommen aus, da die Seife stark schäumt und man ansonsten mehr Wasser als nötig brauchen würde, um den ganzen Schaum wieder abzuspülen. Ein Frottee-Waschlappen (32 g) hilft beim wassersparamen Säubern und zum Abtrocknen benützen wir Microfaser-Handtücher (à 58 g), die wenig wiegen und schnell trocknen (s. Kapitel *Duschen*).

Zum Geschirrabwaschen nehmen wir einen in zwei Teile geschnittenen Küchenschwamm mit (doppelt hält länger). Trocknen lassen wir das Geschirr meistens an der frischen Luft oder wir helfen mit Papiertüchern nach (s. Kapitel *Geschirrwaschen*).

Neben Zahnbürsten und -pasta haben wir zur Freude unserer Zahnärztin sogar Zahnseide mit. Zwecks Hygiene investieren wir auch gerne 6 g Mehrgewicht pro Zahnbürsten-Schutzkappe, um die Borsten vor Verschmutzung und Deformation zu schützen. Alle Utensilien zum Zähneputzen haben wir in einem selbst genähten Stoffbeutel (4 g) verpackt, um alles für die Mundhygiene so einfach wie möglich griffbereit zu haben.

Zum Thema „Wie man seine Geschäfte im Wald verrichtet" gibt es eine Menge Literatur – sogar in Buchform. Hinsichtlich Ausrüstung haben wir allerdings außer Toilettenpapier nichts auf unserer Packliste (s. Kapitel *Ein stilles Örtchen*).

Wenn wir Wäsche waschen oder unsere Kleidungsstücke nass sind und wir diese beim Zeltplatz trocknen möchten, spannen wir eine Wäscheleine aus zusammengedrehten Gummiseilen mit Kunststoffkarabinern an den beiden Enden (Coghlans Expander – 77 g). Damit lässt sich einfach und schnell eine bis zu 3,5 m lange Leine spannen – am besten zwischen zwei Bäumen oder einem Baum/einer Stange und dem am Boden liegenden Fahrrad. Die Wäsche wird dann zwischen die zusammengedrehten Gummiseile geklemmt und flattert dadurch auch bei stärkerem Wind nicht auf und davon (s. Kapitel *Wäschewaschen*).

# Technik: GPS und Solar

Auf Basics wie Fotokamera oder Smartphone möchten wir hier nicht näher eingehen, außer dass wir persönlich großen Wert auf eine gute Akkuleistung legen beziehungsweise auch immer Reserveakkus mit dabeihaben. Wir reisen arbeitsbedingt meistens mit Laptop und Handy und möchten auch dann nicht unsere Produktivität gefährden, wenn viel zu tun ist und wir schlechtwetterbedingt irgendwo ein paar Tage im Zelt festsitzen. Zum Thema Internetverbindung: In Skandinavien hatten wir während der sechs Wochen nur an einem einzigen Zeltplatz gar keinen Handyempfang (= mobiler Hotspot für Laptop). Ansonsten war es oft so wie früher – E-Mails mit größeren Attachments (2–3 MB) brauchten einfach ein paar Minuten, bis sie vollständig heruntergeladen waren.

Auf unseren Reisen immer ein wertvoller Begleiter, den wir schon seit vielen Jahren zufrieden im Einsatz haben: unser GPS-Gerät. Nachdem wir unsere Routen ohnehin im Vorfeld online planen oder zwischendurch umdisponieren (s. Kapitel *Die Streckenplanung*), haben wir mit ein paar Klicks immer auch gleich die GPX-Tracks für unterwegs. Vor allem in größeren Städten erleichtert ein GPS enorm das Auffinden der richtigen Ausfahrt ohne Umwege. Aber auch bei allen unmarkierten Weggabelungen spart man sich den Blick auf die Straßenkarte, die wir dann nur noch zur Groborientierung nutzen, wenn wir etwa abends beim Zelt sitzen und uns die Strecke für den nächsten Tag ansehen.

Ein möglichst universell einsetzbares GPS-Gerät sollte aus unserer Sicht folgende Kriterien erfüllen:

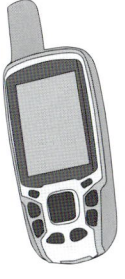

- Robustheit – falls das Gerät einmal zu Boden fällt
- Bedienbarkeit auch mit Handschuhen (unser Garmin GPS-Map 62s hat keinen Touchscreen, sondern Knöpfe)
- Energieversorgung über „normale" AA-Batterien bzw. Akkus – das garantiert eine lange Laufzeit und im Notfall bekommt man wahrscheinlich so gut wie überall Batterien zu kaufen, sollte man Probleme mit den aufladbaren Akkus haben

*Arbeitsstation in dänischem Shelter*

In Skandinavien hatten wir unser GPS nur dann eingeschaltet, wenn wir an eine Kreuzung kamen, an der wir uns nicht auskannten, oder wir durch eine größere Stadt rollten. Nachdem beides nicht sehr oft vorgekommen war, reichten uns zwei voll aufgeladene Akkus für mehr als fünf Wochen. Wenn wir das GPS unterwegs laufend in Betrieb haben (also 6–10 Std. pro Tag), kommen wir meistens 2–3 Tage mit einem Batteriesatz aus.

Ebenso haben wir immer ein Solarpanel inklusive Akku-Ladegerät dabei. So können wir GPS, Fotokamera, Smartphone und Laptop grundsätzlich überall autark mit Energie versorgen – vorausgesetzt, die Sonne scheint alle paar Tage zumindest für ein paar Stunden. Wenn es durchwegs bewölkt ist, muss man sich mit Steckdosen helfen, beispielsweise auf Campingplätzen, in Cafés oder auf Fähren (haben wir in Norwegen oft genutzt). Für GPS, Smartphone und Kamera reicht ein kleineres System wie etwa das Nomad-7-Solarpanel (460 g) von Goal Zero zusammen mit dem Guide-10-Ladegerät (11 Wh, 2300 mAh, 4,8 V, 181 g). Wenn wir mit Laptop reisen,

*Je nach Sonneneinstrahlung bzw. (Haupt-)Fahrtrichtung montieren wir das Solarpanel am Fahrrad hinten über die Gepäcktaschen oder vorne über die Lenkertasche. (Taiwan/Ostküste)*

haben wir das Nomad-13-Solarpanel (726 g) zusammen mit dem Sherpa 50 (58 Wh, 5200 mAh, 11 V, 544 g) mit, das sich auch über Steckdosen aufladen lässt. Beide Solarpanels lassen sich sehr gut über die Gepäcktaschen spannen und je nach Sonnenhaupteinstrahlung ausrichten. Am effizientesten laden die Solarpanels natürlich während Pausen oder beim Zeltplatz, da sie sich dann permanent im optimalen Winkel zur Sonneneinstrahlung platzieren lassen.

# Kleidung

Beim Thema Kleidung für Radreisen unterteilen wir grob in folgende Kategorien:

- Outdoor- bzw. Radkleidung
- Zeltkleidung
- Regenkleidung
- Schuhe

Unsere Ausführungen beziehen sich auf Radreisen, bei denen wir von extremer Hitze bis Temperaturen um die 0° alles erwarten.

Im Bereich Outdoor- bzw. Radkleidung nehmen wir pro Person immer zwei Garnituren Unterwäsche und Trikots oder Shirts mit. Auch bei sehr langen Reisen kommen wir damit locker aus, da wir dann zwischendurch an einem Ruhetag alles gründlich waschen. Wir haben die Erfahrung gemacht, dass die Wäsche deutlich weniger bis gar nicht unangenehm müffelt, wenn man den ganzen Tag in Bewegung an der frischen Luft ist, als wenn man stressige Termine in der Arbeit hat. Selbst in klimatisch sehr feuchten Gebieten, in denen die Radkleidung über Nacht nicht trocknet, kostet eigentlich immer nur der Moment des Anziehens in der Früh eine gewisse Überwindung.

Sobald man sich in der feuchten Kleidung wieder ein paar Minuten bewegt hat, ist alles halb so schlimm. Outdoor- bzw. Fahrradhosen haben wir immer eine kurze und eine lange mit. Darunter tragen wir eine Bike-Boxershort mit Sitzpolster – wahrscheinlich das wichtigste Kleidungsstück auf Radreisen überhaupt. Wir haben schon einige probiert, bis wir uns Stay-Cool-Bike-Boxershorts von Craft gekauft haben, die all unsere Wünsche erfüllen: dünn und leicht, super Passform, sehr angenehmer Sitzpolster (nahtlos und antibakteriell), guter Feuchtigkeitstransport, lange Zeit geruchsneutral. Für die Hose darüber ist es wichtig, dass sie robust ist, sich also vor allem am Sattel nicht durchwetzt, und dass man in ihr ein flexibles, bewegliches Gefühl hat. Um die Mitte sollte sie keinesfalls einengen, wenn man am Fahrrad sitzt – auch nicht nach dem Essen.

Zum Fahrradfahren immer mit dabei haben wir außerdem noch ein dünnes Windgilet, eine leichte Windjacke, Ärmlinge, ein Buff-Tuch (für Hals, Kopf oder Stirn/Ohren), Handschuhe (kurz/lang) sowie einen Helm.

Für die Zeit abseits vom Fahrradfahren packen wir meistens eine Garnitur Unterwäsche, ein Paar Socken, eine lange, bequeme Hose (Softshell) sowie ein Oberteil (Merino) und eine Fleece-Weste mit Kapuze in unsere Taschen. Da wir jeden Abend zumindest eine Katzenwäsche durchführen, bevor wir in unsere „Zeltkleidung" schlüpfen (s. Kapitel *Duschen)*, bleibt diese immer trocken und gefühlt sehr lange sauber und frisch. Für die Nacht nehmen wir zusätzlich noch eine Schlafhose und ein Shirt mit. Peters wichtigstes Utensil für kalte Abende und Nächte ist übrigens – frisurbedingt – eine Fleece-Mütze.

Gegen Regenwetter rüsten wir uns mit einer kurzen und langen Regenhose sowie mit einer Gore-Tex-Jacke. Die kurze Regenhose haben wir immer griffbereit im Außenfach einer Gepäcktasche, um sie bei nassen Straßen schnell über die Fahrradhose zu ziehen, während die lange Regenhose eher ein (Not-)Wind- und Wetterschutz bei kalten Bedingungen ist. Sehr gute

Erfahrungen haben wir mit wasserdichten Socken von SealSkinz (Mid Weight Mid Length) gemacht, die wir bei Regenfahrten in unseren Kunststoffsandalen anziehen. Unter der wind- und wasserdichten Membran befindet sich ein dickes Innenfutter aus Merinowolle, das selbst bei niedrigen Temperaturen die Füße angenehm warm hält. Auch abends haben wir oft diese Socken im Einsatz, wenn es windig und kalt ist und wir beim Essen sitzen oder ums Zelt in unseren Schlapfen herumstapfen.

Abseits unserer Kunststoffsandalen haben wir auf Radreisen immer nur ein paar Schuhe mit – einen klassischen Bike-Schuh mit griffiger Profilsohle, der kompatibel mit Klick-Pedalen ist (s. Kapitel *Welche Pedale?*).

*Wetterfeste Kleidung im Dauereinsatz
(Norwegen/Rallarvegen)*

# Erste Hilfe und Medikamente

... sollte jeder unbedingt den eigenen Anforderungen gemäß mitnehmen. Persönliche Tipps oder Empfehlungen dürfen wir in dieser Rubrik natürlich keine geben – bitte informieren Sie sich hier vor der Reise bei Ihrem Arzt oder Apotheker. Für uns persönlich liegt der Schwerpunkt im Erste-Hilfe-Set bei der Wundversorgung – also verschiedene Pflaster, Verbände/Mullbinden und Wundkompressen sowie eine Flasche Desinfektionsmittel. Medikamente packen wir nur sehr spartanisch ein – etwas gegen Magen-Darm-Erkrankungen sowie ein Mittel gegen Schmerzen und Fieber. Für exotische Reisen lassen wir uns ein Breitbandantibiotikum verschreiben. Sonnenschutzmittel für Körper, Gesicht und Lippen gehören natürlich ebenso in diese Rubrik wie Mückenschutz (s. Kapitel *Moskitonetz/Insektenschutz*).

# Essen und Trinken

Abwechslungsreich, nahrhaft, im Großen und Ganzen gesund und vor allem schmackhaft zu essen, ist für uns nicht nur zu Hause, sondern auch auf unseren Radreisen elementar. Leicht möglich, dass wir in der Ansicht einiger Leserinnen und Leser übertreiben, was unsere Packliste im kulinarischen Bereich anbelangt.

Bei den Getränken ist es nicht ganz so schlimm, da wir mit Abstand die meiste Flüssigkeit in Form von reinem Wasser zu uns nehmen. Für auslaugend heiße Tage haben wir – quasi für den Notfall – ein paar Sachets isotonischen Getränkepulvers mit. Am Morgen kochen wir uns Kaffee fürs Frühstück sowie Tee für die Thermoskanne unterwegs, wobei wir für beide Heißgetränke gerne Bio-Vollmilchpulver mitnehmen (26% Fett i. Tr., leicht löslich – in

Online-Backshops wie z. B. www.backstars.de erhältlich) und für den Chai-Tee tagsüber sogar eine kleine Dose mit Kardamom-Pulver (10 g). Wenn wir keine Probleme hinsichtlich der Gewichtsgrenzen unseres Flugreisegepäcks haben, nehmen wir unseren Lieblingskaffee und -tee immer schon von zu Hause mit – deshalb erwähnen wir beides bereits hier in diesem Kapitel.

Die Packliste fürs Essen wird bei uns von einer Vielzahl an Gewürzen beziehungsweise Gewürzmischungen dominiert. Grundnahrungsmittel wie Nudeln, Reis, Zucker, Mehl oder Brot, aber auch Obst und Gemüse kaufen wir natürlich immer vor Ort. Gewürze (inkl. Salz) nehmen wir hingegen am liebsten von daheim mit, da wir einerseits die Qualität kennen und andererseits die Mengen in lokalen Supermärkten meistens viel zu groß sind für Reisen, die 1–3 Wochen dauern. Also füllen wir je nach Reisedauer unsere Lieblingsgewürzmischungen schon zu Hause in kleine Plastikbeutel. Lecker, leicht und universell einsetzbar sind auch getrocknete Tomaten, von denen 2–3 Stück einem Essen schnell das gewisse Etwas verleihen.

*Gute Gewürze pimpen jedes schnelle Camping-Gericht.*

Je nachdem, wie lange und wohin wir reisen, nehmen wir einige Packungen Notnahrung mit – am liebsten Speisen, die in Relation zu ihrem Trockengewicht möglichst nahrhaft und benzinsparend zuzubereiten sind wie zum Beispiel Fertigsuppen oder Couscous- und Polenta-Fertiggerichte, die man in heißes Wasser schütten und danach nicht oder nur sehr kurz weiterkochen muss. Auch diese packen wir bereits zu Hause ein, da es in den meisten Ländern schwer bis unmöglich ist, etwas geschmacklich und vor allem qualitativ Gleichwertiges (Biologisches) im Supermarkt zu finden. Sollte man aufgrund von Schlechtwetter oder körperlichen Beschwerden einmal ein paar Tage abseits der Zivilisation festsitzen, ist es uns wichtig, dass wir genügend Reserven haben. Dafür nehmen wir gerne 1 kg Mehrgewicht in Kauf.

Was man im Normalfall auch nirgendwo unterwegs bekommt und für uns ein wesentliches Grundnahrungsmittel auf Radreisen ist: Bio-Volleipulver (z. B. in Online-Backshops erhältlich), das zusammen mit Wasser, Mehl und Zucker (und eventuell Milchpulver) die Basis für hervorragend schmeckende und stärkende Frühstücksgerichte ist (z. B. Kaiserschmarren – s. Kapitel *Rezepte*). Aber auch pikant, nur mit Wasser vermengt, lassen sich mit Eipulver schnell hervorragende Gerichte in der Pfanne zubereiten und mit Zwiebeln/Gemüse sowie Gewürzen einfach und köstlich verfeinern. 500 g getrocknetes Bio-Volleipulver entspricht übrigens ca. 42 Eiern.

Zu guter Letzt, da diese Accessoires eigentlich in die Rubrik *Töpfe, Geschirr & Co.*, aber doch auch irgendwie zum Kapitel *Essen und Trinken* gehören: Für Oliven- und Bratöl nehmen wir zumindest immer je eine gut verschließbare Plastikflasche mit (im Outdoor-Laden erhältlich: 500 ml/250 ml, 56 g/38 g), da man in vielen Geschäften Öle nur in Glasflaschen kaufen kann. Und auch 2–4 Plastikbecher mit Deckeln für Essensreste, Eipulver oder die Beerenernte unterwegs (à 500 ml, 36 g) sowie ein paar Gummibänder zum Verschließen von Plastikbeuteln stehen immer auf unserer Packliste.

*Die Suche nach dem perfekten Ort …*
*(Oman/Hadschar-Gebirge)*

VORBEREITUNG: REISEPLANUNG 1

# Allgemeines

Nicht nur bezüglich Ausrüstung, sondern auch bezüglich Planung scheiden sich die Geister unter Radreisenden. Die einen setzen sich auf ihr Fahrrad und kurbeln spontan in eine Richtung los. Die anderen machen aus der Planung eine eigene Wissenschaft und haben bereits im Vorfeld ein dickes Fahrtenbuch mit einer Unmenge an Sehenswürdigkeiten und Fixpunkten, die es abzuhaken gilt. Dazwischen gibt es viele Mischformen – von der Grobplanung über die Recherche „Was haben andere gemacht?" bis hin zur geführten Reise mit Guide. Wir planen unsere Reisen mehr oder weniger detailreich. Mehr hinsichtlich der Landschaft und der Strecke (GPS), weniger hinsichtlich der Sehenswürdigkeiten, die wir nicht alle bereits im Vorfeld heraussuchen und notieren. Wir haben die Erfahrung gemacht, dass die kulturellen und zwischenmenschlichen Highlights einer Reise für uns meistens fernab der in allen Reiseführern angepriesenen Sensationen liegen. Auch die Freude, etwas überraschend für uns zu entdecken, empfinden wir oft tausendmal lohnender, als durch Heerscharen von Reisebussen den absoluten Hotspot anzupeilen. Dazu gehört für uns auch,

*Die extrem faszinierende Quanhua-Tempelanlage in Taiwan entdeckten wir völlig überraschend aufgrund einer spontanen Streckenänderung.*

unterwegs die geplante Route zu verlassen, um vor Ort gesammelten Informationen oder Tipps von anderen Reisenden oder Einheimischen zu folgen.

Wie schon beim Thema Vorbereitung erwähnt: Es gibt kein Richtig oder Falsch – jeder soll so planen, wie er möchte. Auch wenn wir dem Ansatz „einfach drauflosfahren" in mancher Hinsicht etwas abgewinnen können, planen wir grundsätzlich sehr gerne, da die Vorbereitung für uns bereits ein wesentlicher Teil der Reise ist, der unsere Vorfreude steigert und gewisse Unternehmungen erst möglich macht. Deshalb möchten wir hier die aus unserer Sicht wichtigsten Punkte einer etwas gründlicheren Reiseplanung auflisten, ohne Anspruch auf deren Vollständigkeit und im Bewusstsein, dass natürlich nicht jeder Punkt für jede Reise Relevanz hat.

# Welche Distanz?

Bei unseren regelmäßigen Versuchen, Freunde und Bekannte zu Reisen mit dem Fahrrad zu motivieren, hören wir immer wieder, dass es für uns ja leicht sei, viele Tage hintereinander mehrere Stunden Fahrrad zu fahren, da wir ja „trainiert" seien. Das ist an sich richtig, da das längere Sitzen am Sattel und das stundenlange In-die-Pedale-Treten natürlich leichter ist und wahrscheinlich auch mehr Spaß macht, wenn man das ganze Jahr über regelmäßig strampelt. Dennoch sind wir davon überzeugt, dass jeder, der an sich gerne Fahrrad fährt, genussvolle Radreisen erleben kann, wenn die Distanz (Kilometer und Höhenmeter pro Tag sowie Anzahl der Ruhetage) entsprechend der eigenen Fitness geplant wurde.

Begriffe wie „Anstrengung", „Ausdauer" oder „Langdistanz" sind immer relativ, da sie höchst individuell sind. Insofern ist es wichtig, sich beim Radreisen seine eigenen Ziele zu stecken und nicht die Etappen und Zeiten

*Die Aussicht in aller Ruhe genießen – beim Radreisen elementar
(Schweiz/Flüelapass)*

anderer als Maßstab heranzuziehen. Ob man täglich 25, 50 oder 100 Kilometer fährt, muss nicht automatisch den Erlebniswert einer Reise beeinflussen. Selbst wenn man nur zwei oder drei Stunden pro Tag unterwegs ist und zwischendurch zahlreiche lange Pausen einlegt, kann man eine Region auf wundersame Weise erfahren und entdecken – womöglich in derselben Intensität wie andere Reisende, die jeden Tag zehn Stunden Fahrzeit einplanen. Für uns zählen beim Radreisen in erster Linie nicht die gefahrenen Kilometer, sondern die Zeit, die wir zur Verfügung haben, in Kombination mit den Erfahrungen und Emotionen, die wir unterwegs erleben.

Natürlich setzen auch wir uns gerne vorab Ziele, die wir über Etappen und Entfernungen definieren, da für uns der Reiz einer langen Distanz – von A nach B – oder einer großen Runde nicht wegzuleugnen ist. Wir lieben das Gefühl, aus eigener Kraft eine möglichst weite Strecke zu bewältigen – allerdings treibt uns dieser Gedanke eher bei Tages- oder Wochenendprojekten an als bei Radreisen, bei denen sich die wertvollsten Momente oft durch Langsamkeit und Ruhe offenbaren.

Für den Anfang ist es aus unserer Sicht enorm wichtig, keine zu langen oder zu anstrengenden Reisen zu planen, damit am Ende nicht das berüchtigte „Einmal-und-nie-wieder"-Fazit steht. Sobald dann ein erster Funke der Faszination und Begeisterung übergesprungen ist, kommt der Rest von ganz alleine – mehr Freude und Motivation, mehr Fitness und Routine, höherer Genuss und immer fernere Ziele.

## Wohin zu welcher Jahreszeit?

Nicht jedes Land eignet sich zu jeder Jahreszeit für Reisen mit dem Fahrrad. Die meisten Radfahrer hoffen wahrscheinlich auf möglichst wenig Niederschlag und angenehme Temperaturen. Kaum jemand wird mit seinem Velo mitten in der Regenzeit nach Südostasien reisen, ebenso wenig wie im Hochsommer auf die Arabische Halbinsel. Hat man ein exotisches Wunschreiseland ausfindig gemacht, lohnt in jedem Fall der Blick auf eine Klimatabelle,

*Mitternachtssonne am Lavollsfjorden (Norwegen)*

um die beste Reisezeit zu recherchieren. Und möchte man etwa die Mitternachtssonne nördlich des Polarkreises erleben, stehen sowieso nur wenige Wochen im Jahr zur Auswahl.

Oft ist es allerdings so, dass man genau in einem bestimmten Monat zwei Wochen Urlaub hat und nach einer geeigneten Destination sucht. Eine entsprechende Suchanfrage im Internet liefert diesbezüglich recht schnell brauchbare Ergebnisse.

In touristisch stark frequentierten Gebieten ist eine Radreise abseits oder zu den Randzeiten der Hauptsaison häufig am lohnendsten. Absoluter Verlass ist ohnehin auf keine Wetterprognose oder Klimastatistik – eine ordentliche Portion Wetterglück gehört beim Reisen immer dazu. Insofern macht sich ein wenig Risikobereitschaft meist mehr bezahlt als das sture Verlassen auf Klimatabellen mit statistisch prognostizierten Niederschlagsmengen und Sonnenstunden.

## Von A nach B oder lieber eine Rundreise?

Viele Radreisende haben ein fernes, konkretes Ziel, das sie unbedingt erreichen möchten, wie etwa das Nordkap oder Gibraltar. Sie reisen von A nach B und müssen überlegen, wie sie mit Fahrrad und Gepäck wieder nach Hause oder zum Ausgangspunkt zurückkommen. Wählt man dann das Flugzeug als Transportmittel, macht es Sinn, vorab nach Möglichkeiten zu recherchieren, ob sich irgendwo eine große Verpackung für das Reiserad und alle Taschen organisieren lässt. Am besten fragt man in Fahrradgeschäften, da diese ihre Räder meistens im Originalkarton geliefert bekommen und froh sind, wenn ihnen jemand einen Leerkarton abnimmt. Wir haben bei unseren Recherchen aber auch schon gewiefte Anbieter gefunden, die in Städten mit Flughäfen Fahrradkartons verkaufen. In Gegenden, die von Radreisenden stark frequentiert werden, stehen auch ab und zu verwaiste Kartons am Flughafen herum – in Oslo und Tromsø haben wir das bereits beobachtet beziehungsweise selbst so gehandhabt: man kommt am Flughafen an, baut sein Fahrrad zusammen und lässt nach Rücksprache mit dem Flughafenpersonal seinen leeren Transportkarton irgendwo am Rande stehen – der Nächste freut sich darüber. Reist man mit Bahn oder Bus zurück, sollte man ebenfalls im Vorfeld die Fahrradmitnahme klären. Oft muss man die Räder ein wenig zerlegen – zumindest die Laufräder ausbauen und den Sattel versenken. Auf unserer sehr abenteuerlichen Rückreise von Montenegro nach Wien hatten wir zwischen den Rahmen und die ausgebauten Laufräder etwas Karton und Zeitungspapier gestopft und das Ganze dann einfach mit Frischhaltefolie aus dem Supermarkt dick umwickelt, bis wir zwei Handgepäckstücke für die Bahnfahrt nach Belgrad sowie die anschließende Busfahrt nach Wien transportfähig hatten.

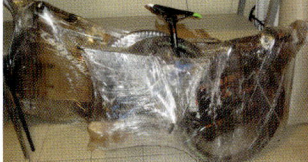

*Reiseräder mit Frischhaltefolie für den Bahn- und Bus-Transport verpackt*

Die Frage nach dem oft etwas komplizierten Rücktransport des Fahrrads kann man sich sparen, wenn man eine Rundreise plant und dort ankommt, wo man losgefahren ist. Hat man eigene Radkoffer, die deutlich bequemer, handlicher und in manchen Fällen auch robuster sind als Fahrradkartons, kann man diese – wahrscheinlich überall problemlos – im Gepäckraum des Hotels lassen, in dem man die erste und optimalerweise auch letzte Nacht seiner Reise verbringt.

Vor allem für Radreise-Novizen kann es sehr empfehlenswert sein, eine Runde als Achterschleife zu planen, um nach der Hälfte der Zeit nicht am weitest entfernten Punkt der Reise zu sein. Sollten die Kräfte, das Wetter oder auch Lust und Laune auf einmal nicht mehr mitspielen, kann man mit einer Achterschleife die Tour deutlich flexibler verkürzen. Und auch wenn man nach der Halbzeit merkt, dass man ein paar Ausrüstungsgegenstände gar nicht braucht, kann man diese dann bequem am Ausgangspunkt deponieren und zumindest die zweite Hälfte der Ausfahrt mit leichterem Gepäck genießen.

Wenn wir mit dem Auto in das Land fahren, in dem wir unsere Rundreise starten, suchen wir uns meistens eine nette Unterkunft in einer dörflichen Gegend, wo wir problemlos unser Auto 1–2 Wochen parken dürfen. In engen Stadtzentren oder dicht besiedelten Küstenregionen ist das längere Parken oft komplizierter oder mit Zusatzkosten verbunden.

# Checkliste: Fragen im Vorfeld

Sobald man ein konkretes Reiseziel im Auge hat, macht es durchaus Sinn, sich noch ein paar grundlegende Fragen zu stellen, bevor man gleich einen Flug bucht oder gar losradelt. Einige Antworten auf diese Fragen finden sich zum Beispiel auf den Websites der Außenministerien:
D: www.auswaertiges-amt.de, A: www.bmeia.gv.at, CH: www.eda.admin.ch.

Abhängig vom Land/von den Ländern, durch das/die wir unsere Reise planen, überlegen wir uns im Vorfeld meistens folgende Punkte:

- Wenn uns ein fernes Reiseziel vorschwebt: Wie kommen wir hin und wieder retour? Fliegen wir oder fahren wir mit Bus, Bahn oder Auto? Sind die gesamten Reisekosten in unserem Budget?

- Wie sieht es bezüglich der allgemeinen Sicherheit aus? Gibt es aktuelle Reisewarnungen, die uns auf der geplanten Route betreffen?

- Welche Einreisebestimmungen gibt es? Müssen wir im Vorfeld Visa beantragen?

- Benötigen wir einen speziellen Impfschutz?

- Wie sieht es mit Moskitos aus? Davon abhängig ist die entsprechende Ausrüstung (s. Kapitel *Moskitonetz/Insektenschutz*).

- Gibt es wilde/gefährliche/giftige Tiere, die das Leben unterwegs oder nachts im Zelt ungemütlich oder gar bedrohlich machen könnten?

- Mit welchem Klima (Wetter, Temperaturen) können wir rechnen? Werden wir eher schwitzen oder frieren oder beides? Davon abhängig ist die entsprechende Ausrüstung (vor allem die Kleidung).

- Wo werden wir übernachten? Ist wildes Zelten erlaubt? Wie werden unsere Zeltplatz-Optionen aussehen (Lage, Untergrund etc. – s. Kapitel *Der perfekte Zeltplatz)*? Welche alternativen Unterkünfte gibt es entlang der geplanten Route (s. Kapitel *Wo werden wir übernachten?)*?

- Wie ist die allgemeine Versorgungslage? Wo bekommen wir Trinkwasser her? Wo sind Lebensmittel erhältlich? Falls nicht bereits eingepackt: Wo können wir Brennstoff für unseren Kocher kaufen? Wo erhalten wir im Notfall Medikamente oder medizinische Versorgung?

- Wo und wie werden wir Energie/Strom tanken? Haben wir gute Chancen auf Sonne für unsere Solarpanels? Gibt es unterwegs alternative Möglichkeiten, um unsere Akkus zu laden (s. Kapitel *Technik: GPS und Solar)*?

- Wie sieht es verkehrsmäßig aus? Gibt es Radwege oder schmale Seitenstraßen oder nur dicht befahrene Schnellstraßen?

- Gibt es öffentliche Verkehrsmittel, die wir im Notfall (Defekt, Unfall, Krankheit, Wetter etc.) mit Fahrrädern nutzen können?

# Sprache(n)

Wenn wir in ein Land reisen, dessen Sprache wir nicht sprechen – was meistens der Fall ist –, bemühen wir uns zumindest, schon alleine aus Höflichkeit, die wichtigsten Basisvokabeln und -phrasen vorab zu lernen, wie etwa Guten Tag, Hallo, Auf Wiedersehen, Bitte, Danke, Ja, Nein etc. Auch wenn uns das oft sehr schwerfällt – wie beispielsweise bei Arabisch oder Chinesisch –, der gute Wille zählt und bisher wurden unsere Versuche von unseren Gesprächspartnern meist trotz allgemeinem Gelächter anerkennend aufgenommen.

Vor unserer Oman-Reise haben wir uns mithilfe einer Arabisch sprechenden Freundin einige Phrasen erarbeitet, unter anderem: „Wie wird das Wetter morgen?" inkl. diverser Antwortmöglichkeiten oder: „Wir essen kein Fleisch." Unserer Meinung nach klangen einige Rachenlaute schon durchaus salonfähig – vor Ort sorgten unsere Bemühungen jedoch eher für Belustigung und endeten nicht selten in der Aufforderung unseres Gegenübers: „Please, say it in English." Bevor wir nach Taiwan reisten, installierten wir uns diverse Handy-Apps, um ein paar chinesische Grundvokabeln zu lernen. Außer „nǐ hǎo" (Hallo) und „xiè xiè" (Danke) blieb jedoch nicht viel hängen – und selbst das „xiè xiè" klang von Ortschaft zu Ortschaft völlig unterschiedlich. Ein unschätzbar nützlicher Ausrüstungsgegenstand war damals unser Zeigewörterbuch – zum Beispiel wenn es darum ging, vegetarisches Essen zu bekommen. Wir probierten es zuerst immer mit dem Wort „Shūcài" (Gemüse), oft wiederholten wir es bis zu fünfmal, bevor wir unser Zeigewörterbuch zückten, um dann ein völlig überraschtes „Ahhh, Shūcài!" von unserem Gegenüber zurückzubekommen – wohl angemerkt, dass sich unser „Shūcài" für unsere Ohren zu 99% ident anhörte.

Aber selbst in weniger exotischen Ländern wie etwa in Italien oder Frankreich lohnt es sich, die gängigsten Worte und Sätze einzustudieren, um eine Unterkunft zu reservieren, die Uhrzeit für Abendessen und Frühstück zu erfragen oder in Cafés, Bars und Restaurants zu bestellen. Mit Englisch oder Deutsch kommt man bekanntlich in zahlreichen Regionen unserer südlichen Nachbarländer nicht weit. Wir haben das Glück, zumindest ein paar Jahre in der Schule Französisch (beide) und Italienisch (Peter) gelernt zu haben, was die rein touristische Kommunikation (Essen, Übernachten, Weg erfragen) sehr entspannt. Hana hat mit ihren tschechischen Wurzeln den riesigen Vorteil, neben der kompletten Verständigung in Tschechien und der Slowakei auch in allen anderen slawischsprachigen Ländern ein gewisses Grundgespür für die richtigen Vokabeln zu besitzen, was uns auf unserer Radreise durch Slowenien, Kroatien und Montenegro das eine oder andere Mal geholfen hat.

Auch wenn das Verstehen und Sprechen einer Fremdsprache eine Reise ungemein bereichern kann, sollte einen das Nicht-Sprechen beziehungsweise Nicht-Verstehen einer Sprache keinesfalls davon abhalten, eine Reise in ein fremdes Land zu unternehmen. Mit Händen und Füßen und vielleicht mithilfe eines Zeigewörterbuchs kann man sich erfahrungsgemäß weltweit ein wenig „unterhalten" – vom Hörensagen her sogar abendfüllend.

*Kommunikation in Taiwan – nicht immer so einfach wie beim Bananeneinkauf*

*Übernachten in der Sternensuite*
*(Frankreich/Cottische Alpen)*

VORBEREITUNG: REISEPLANUNG 2

# Wo werden wir übernachten?

Die Frage nach der Übernachtungsart ist von vielen Faktoren abhängig – unter anderem von:

- persönlichen Vorlieben: wie zum Beispiel der Sehnsucht nach 24 Stunden Natur pur beim Zelten oder – im Gegensatz dazu – der Wunsch nach einem „richtigen" Bett
- touristischem Angebot: Gibt es überhaupt Unterkünfte in der Gegend, in der wir unterwegs sind?
- gesetzlichen Rahmenbedingungen: Ist wild Zelten erlaubt?
- Fokus der Reise bzw. Tagesetappe: Landschaft und Natur oder Städte und Kultur?

Gerade bei längeren Reisen wählen wir nie nur eine Übernachtungsart. Sosehr wir wild Zelten lieben, zwischendurch freuen wir uns genauso über eine Nacht in einer Unterkunft mit Bett und warmer Dusche.

# Wild Zelten

Am liebsten reisen wir durch Länder, in denen wild Zelten erlaubt oder zumindest kein Problem ist. Weltweit gesehen hat man zum Glück genügend attraktive Optionen. Reisen wir durch Europa, sieht die Gesetzeslage sehr unterschiedlich aus. Im hohen Norden (zum Beispiel in Norwegen, Schweden und Finnland) herrschen mit dem Jedermannsrecht paradiesische Verhältnisse für naturverliebte Camper. In Dänemark gibt es fast flächendeckend ausgewiesene Naturrastplätze, viele davon mit Schlafkojen aus Holz (Shelter) zum freien Übernachten in der Natur. Radelt man weiter in den Süden, fangen die Grau- bzw. Verbotszonen für Zelt-Übernachtungen an – Stichwort: Biwakieren oberhalb der Baumgrenze. Dann liegt es oft im eigenen Ermessen, wie man damit umgeht. Grundsätzlich hat man Verbote natürlich zu respektieren und zu befolgen, aber was soll ein Radreisender machen, der zum Beispiel eine Panne oder einen Schwächeanfall hat und es nicht mehr zum angepeilten Campingplatz oder Quartier schafft? Wir glauben, dass niemand verlangen würde, in so einer Situation die Rettung zu rufen, sondern dass sich ein Not-Biwak in der Natur prinzipiell immer rechtfertigen lässt. Fakt ist natürlich: Wenn man an den/die Falsche/n gerät, muss man mit einer Strafe rechnen.

*Norwegen/Reinheimen-Nationalpark*

Falls wir in einem Land, in dem das Übernachten in freier Natur generell nicht erlaubt ist, dennoch unser Zelt irgendwo in der Wildnis aufstellen, halten wir uns an ein paar Grundregeln des gesunden Hausverstands:

- (Natur-)Schutzgebiete und deutlich erkennbare Privatgrundstücke sind für uns tabu.
- Wir meiden touristische Hotspots (Strände etc.).
- Wir suchen einen möglichst uneinsichtigen Platz.
- Wir stellen unser Zelt erst in der Dämmerung auf und bauen es nach dem Aufstehen so bald wie möglich wieder ab.
- Wir bleiben klein: wir verwenden keine Zelterweiterung und positionieren die Räder dicht beim Zelt; Gepäcktaschen verstreuen wir nicht wild um uns herum.
- Müll (auch Biomüll) kommt restlos mit; sehen wir Fremdmüll, packen wir diesen auch mit ein.
- Wir bleiben unauffällig: kein offenes Feuer; Licht nur, wenn es sein muss; Gespräche in normaler Lautstärke.

Mit dieser Strategie sind wir bisher immer sehr gut gefahren, auch wenn wir das eine oder andere Mal von Spaziergängern „entdeckt" wurden, wie zum Beispiel in der französischen Region Lothringen am Fuße der Vogesen:

**Dienstag, 30. August 2016 – ein Ausschnitt unserer Reisenotizen:**
… Im Dorf Moussey (deutsch Mulsach) wirken die waldigen Hügel der nördlichen Vogesen schon zum Greifen nahe. Wir fahren ostwärts gegen den Wind und halten Ausschau nach einem geeigneten Zeltplatz – wenn möglich versteckt am Waldesrand mit Ostausrichtung, um in den Genuss der Morgensonne zu kommen und neben dem schönen Ausblick auch die Chancen auf ein trockenes Zelt zu erhöhen. Diesen perfekten Platz finden wir nördlich des kleinen Dorfes Fraquelfing nach ein paar Zusatzhöhenmetern auf einer geschotterten Piste. Wir beschließen, unser Zelt erst in der Dämmerung

aufzustellen, um den Anschein zu erwecken, dass wir hier nur kurz rasten, sollte noch jemand die Schotterstraße entlanggefahren oder vorbeispaziert kommen. Es dauert nicht lange, da nähert sich bereits ein Jäger mit seinem Auto, um am nahe gelegenen Hochsitz ein paar Arbeiten zu verrichten. Wir plauschen kurz und nett und denken, als er wegfährt, dass es das für heute gewesen sein muss. Mitnichten, denn kurz vor der Abenddämmerung sichten wir auf einmal ein Pärchen mit Hund in unsere Richtung spazierend. Der Mann ruft ein freundliches „*Bonsoir!*" zu uns herüber und fragt, ob wir einen Apfel haben möchten. Wir nehmen dankend an und kommen ins Gespräch. Unser Gegenüber ist sehr interessiert, also erzählen wir kurz von unserer Reise und antworten auf seine letzte Frage, ob wir denn hier übernachten werden, mit einem etwas verlegenen, aber ganz und gar nicht zögerlichen: „*Oui.*" Was sollten wir auch anderes sagen, nachdem die Sonne bereits untergegangen war? Wenig später ist es stockfinster und wir bauen ruckzuck mit den bereits vollkommen verinnerlichten Handgriffen unser Zelt auf. Als wir müde in unseren Schlafsäcken liegen und noch mit Stirnlampe am Kopf ein paar Notizen in unser Tagebuch kritzeln, hören wir plötzlich das Geräusch eines sich nähernden Autos. Wir schalten sofort unsere Stirnlampe aus und beten, dass das Auto weiterfährt und wir – etwa 20 Meter abseits der Schotterstraße liegend – nicht entdeckt werden. Doch das Auto hält auf unserer Höhe, dreht und richtet die Scheinwerfer frontal auf unser Zelt. „Wir sind aufgeflogen!", flüstert Peter im Versuch, sich hinter Hana klein zu machen. Hana schimpft zu Recht, dass es keinen Sinn mache, sich jetzt tot zu stellen. Also öffnen wir unsere Apside und rechnen mit dem Schlimmsten – zumindest mit einem Platzverweis. Eine männliche Stimme ruft uns etwas Unverständliches zu. Doch die Stimme kommt uns irgendwie bekannt vor – es ist der Spaziergänger von vorhin. Als er dann vor unserem Zelt steht, verstehen wir auch seine Worte: Seine Frau habe eine *Tarte aux mirabelles* gebacken und er möchte uns zwei Stücke dieser regionalen Spezialität schenken – quasi für das Frühstück. Im ersten Moment sind wir absolut sprachlos und stottern danach sichtlich gerührt mehrere Male: „*Merci beaucoup!*" Noch einmal verabschiedet sich der edle Spender und fragt uns zum Abschluss, ob wir eh keine Angst gehabt hätten, als er die Scheinwerfer auf unser Zelt gerichtet hatte? *„No, no!"*, beruhigen wir ihn – wir doch nicht …

## Zelten am Campingplatz

Überlegungen dieser Art kann man bei Nächtigungen auf einem Campingplatz getrost vergessen und sich quasi über 24 Stunden Naturgenuss ohne Ängste und Sorgen freuen. Dazu kommen oft Extras wie:

- eine warme Dusche,
- eine Gemeinschaftsküche,
- ein Aufenthaltsraum mit Steckdosen zum Aufladen der Akkus,
- eine Waschmaschine und
- jede Menge Trinkwasser, auch zum Kochen und Abwaschen.

*Campingplätze (vorzugsweise mit Gemeinschaftsraum) sind für uns
vor allem bei Regenwetter eine willkommene Option (Norwegen/Flakstad).*

Diese Annehmlichkeiten lassen sich kaum wegargumentieren, doch erstens muss ein Campingplatz in sinnvoller Nähe sein und zweitens muss man die Atmosphäre und das oft sehr eigene Flair eines solchen auch mögen.

Steht eine Übernachtung auf einem Campingplatz aus organisatorischen Gründen an (die Akkus sind leer, der Geruch der Wäsche ruft laut nach einer Waschmaschine oder die Wetterprognose verspricht Dauerregen), kann ein Telefonat vorab durchaus Sinn machen – nicht nur außerhalb der Hauptsaison. Schon mehrmals suchten wir vergeblich nach Campingplätzen, die in unseren Karten eingezeichnet waren. Auch kam es öfter vor, dass ein Campingplatz geschlossen hatte oder dass erst nach mühsamen Telefonaten klar wurde, dass heute niemand mehr zur Rezeption kommen würde.

## Zelten nach Rücksprache mit dem Eigentümer

Eine weitere und oft die einzig sinnvolle mögliche Übernachtungsoption ist das Zelten auf privatem Grund nach Rücksprache mit dem Eigentümer. Erfahrungsgemäß ergeben sich bei dieser Variante oft die nettesten Begegnungen und Gespräche. Vorzugsweise fragen wir bei Bauernhöfen, ob wir unser Zelt in einer Ecke der Wiese oder am Rand des Feldes aufstellen dürfen. Bevor wir an einer Tür klingeln, prüfen wir jedoch erst einmal ein paar Faktoren wie beispielsweise:

- Sehen wir auf dem Grundstück irgendwo einen sinnvollen Platz für unser Zelt? Bei einem Einfamilienhaus mit englischem Rasen haben wir bisher noch nie geklingelt.

- Gibt es in der Nähe eine Möglichkeit, auf die Toilette zu gehen (Wald?)? Dass man eine WC-Möglichkeit angeboten bekommt, ist verständlicherweise eher die Seltenheit. Abgesehen davon ist es grundsätzlich unser Anliegen, die Gastfreundschaft unseres Gegenübers nicht überzustrapazieren.

Wenn wir an einer Tür klingeln, sagen wir auf jeden Fall, dass wir zu zweit sind, nur für eine Nacht einen Schlafplatz suchen und dass wir gleich in der Früh wieder weiterreisen werden. Mit diesen Informationen ist das Ausmaß der zu erbringenden Gastfreundschaft klar und überschaubar. Nicht selten wurden wir überaus freundlich willkommen geheißen und mit Fragen zu unserer Reise überhäuft, aus denen sich oft interessante Gespräche ergaben. Die positiven Reaktionen reichten sogar von Geschenken in Form von Obst oder Gemüse bis hin zur herzlichen Frühstückseinladung.

# Warm Showers

Die *Warm-Showers*-Gemeinschaft ist ein kostenfreier, weltweiter Gastfreundschaft-Austausch für Radreisende. Menschen, die Tourenradler beherbergen möchten, schreiben in ihrem Onlineprofil ein paar Zeilen über sich selbst sowie über ihr genaues Angebot. Das kann von einem Zeltplatz im Garten bis zu einem Bett mit eigenem Zimmer reichen und darüber hinaus noch Services wie eine Waschmaschine oder technische Unterstützung beinhalten. Eine warme Dusche ist – als Namensgeberin der Plattform – natürlich auch meistens inkludiert.

Der eigentliche Mehrwert besteht allerdings darin, Menschen zu treffen, die die gleiche Leidenschaft in sich tragen und gerne Radreisegeschichten erzählen und/oder ihnen lauschen. Meistens ergeben sich beim gemeinsamen Abendessen aber auch bereichernde Gespräche abseits des Fahrradfahrens und es kann durchaus vorkommen, dass aus einer geplanten Nacht zwei oder mehrere werden.

Das Besondere an der Warm-Showers-Plattform ist ohne Zweifel deren enorme Reichweite. Bei über 80.000 Mitgliedern (Stand 10/2017) findet man selbst in den exotischsten Ländern und Ortschaften weltweit Anbieter – bequem über die Website (warmshowers.org) oder über die eigene App.

# Pension, Hostel, Hotel, Hütte etc.

Auch wenn diese Nächtigungsoptionen für uns während Radreisen die „langweiligsten" sind – es gibt Momente, da möchten wir einfach

- ein Dach über dem Kopf haben,
- alleine sein und nicht reden müssen und
- ein serviertes Frühstück genießen.

In diesen Fällen versuchen wir bereits am Vortag oder in der Früh ein Quartier zu organisieren, um uns die Sucherei am Ende eines langen Radtages zu ersparen. Meistens werfen wir als Erstes einen Blick auf booking.com.

*Wäschetrocknen auf der Hotelterrasse – nach drei Wochen im Zelt gönnten wir uns ein Hotelzimmer in Trondheim (Norwegen).*

„Ein serviertes Frühstück" war auch unser sehnlichster Wunsch am Morgen des 24. Juli 2016, als wir uns in Norwegen nach drei Wochen im Zelt erstmals ein Hotelzimmer (Frühstück inklusive) gönnten – im Zentrum von Trondheim:

### Sonntag, 24. Juli 2016 – ein Ausschnitt unserer Reisenotizen:

Gleich nach dem Aufwachen gehen wir noch einmal unsere Taktik für das Frühstücksbuffet durch: Mit dem *Belgischen Kreisel* wird es zu zweit nicht klappen, aber in Gedanken sehen wir uns schon mit einem bunten Mix norwegischer Delikatessen genüsslich am Tisch sitzen: Rentierschinken, Krabbenpastete, verschiedene Käsesorten, Eier, frisch gebackene Brötchen, Hefeteilchen und natürlich auch hauseigenen *Fyrstekake* ... dazu zwei große Tassen Kaffee mit aufgeschäumter Milch! Frohen Mutes öffnen wir unsere Zimmertür und werden von einem Papiersack, der an unserer Klinke hängt, gebremst. Im Sack befinden sich zwei in Plastik eingeschweißte Sandwiches sowie zwei kleine Fläschchen mit einem für uns undefinierbaren Zuckerwasser. Unser erster Gedanke ist, dass sich da

112

jemand an der Tür geirrt haben muss, doch dann sehen wir auch an allen anderen Türen den gleichen mit dem Hotellogo gebrandeten Papiersack hängen. Etwas fassungslos schauen wir uns an und beschließen nachzufragen, was es mit diesem ominösen Papiersack auf sich habe. Die junge Dame an der Rezeption desillusioniert uns kurz darauf restlos, indem sie uns erklärt, das sei unser Frühstück. Auf unsere Frage: „Und Kaffee?" erfahren wir, dass wir den hier jederzeit gerne kaufen können. Wir sind absolut sprachlos und marschieren zerknirscht auf unser Zimmer. Dort schnappen wir uns alle Zutaten für ein Kaiserschmarren-Frühstück und lassen uns auf der sonnigen Dachterrasse des Hotels nieder, um uns zumindest mit einem schönen Ausblick zu trösten.

Einen nächsten Versuch für ein serviertes Frühstück starteten wir erst drei Wochen und knapp 1.500 Kilometer später im norddeutschen Husum. Diesmal mit großem Erfolg in einer netten Privatpension.

Auch in Italien erlebten wir schon die unterschiedlichsten Überraschungen im Zuge einer touristischen Übernachtung inklusive Frühstück. Bei unserer Radreise durch die Abruzzen im März 2017, bei der wir ohne Zelt unterwegs waren und deshalb ausschließlich in Agriturismi, B&B oder günstigen Hotels übernachteten, reichte das Angebot von der „Deluxe Prima Colazione" – mit selbst gebackenem Kuchen, frisch gepressten Vitamindrinks, herzhaftem Omelett mit Prosciutto und Käse – bis zur Variante für italienische Frühstücksmuffel – eine Tasse Cappuccino, etwas Zwieback (ohne Butter) und in Plastik abgepackter Süßkram (Marmelade, Küchlein, Croissants).

*Wer suchet, der findet ...*
*(Italien/Nationalpark Gran Sasso und Monti della Laga)*

VORBEREITUNG: REISEPLANUNG 3

# Die Strecken- planung

# Die Grobplanung

Sobald wir uns für ein Reiseziel entschieden haben, führt uns der nächste Schritt meistens in eine Reisebuchhandlung, in der wir uns mit Übersichtskarten und eventuell auch mit Reiseführern eindecken. Diese Phase der Planung mögen wir besonders, da noch alles offen ist und wir zu Hause aufgeregt wie kleine Kinder zu Weihnachten die Straßenkarte(n) über den großen Esstisch breiten und gierig unsere Blicke nach potenziellen Highlights Ausschau halten lassen. Unser Ziel in der Grobplanung ist es, jene Landschaften, Städte und Streckenabschnitte zu lokalisieren, die uns nach ersten Recherchen am attraktivsten scheinen.

Je nachdem, welche Straßenkarten in welchen Maßstäben verfügbar sind, können wir so eine recht grobe oder bereits recht konkrete Route auf der (den) Übersichtskarte(n) ausfindig machen. Für unsere Italienreisen verwenden wir zum Beispiel immer Karten im Maßstab von 1:200.000, auf denen selbst die kleinsten Nebenstraßen eingezeichnet sind und man schon alleine an der Position und Zeichnung einer Ortschaft erkennen kann, ob es sich hierbei möglicherweise um ein verstecktes Juwel handeln könnte – die Google-Bildersuche bestätigt oder desillusioniert dann bei Eingabe des Ortsnamens meistens recht schnell. Für unsere Radreise durch den Oman konnten wir hingegen nur eine Karte im Maßstab 1:850.000 auftreiben, mit deren Hilfe uns lediglich eine grobe Orientierung über die Hauptstraßen, Gebirge und größeren Städte möglich war. Entsprechend vage konnten wir damals in der ersten Planungsphase nur ein paar wenige Eckpunkte markieren, die wir unbedingt ansteuern wollten.

Zu kleine Maßstäbe – wie etwa bei Wanderkarten im Maßstab 1:50.000 oder gar 1:25.000 – eignen sich für die erste Übersicht einer mehrwöchigen Radreise unserer Meinung nach weniger, da man sonst schnell einmal zehn bis zwanzig Karten kaufen und nebeneinander auffalten müsste, um einen Gesamtüberblick zu bekommen.

# Die Detailplanung

Sind die Eckpunkte einer Reiseroute abgesteckt, gilt es für uns in Phase zwei der Streckenplanung, zwischen diesen die optimale Verbindung zu finden – also die attraktivsten, möglichst verkehrsarmen Straßen und Wege. Für diese Aufgabe nutzen wir die Online-Plattform bikemap.net, die uns auch gleich die GPS-Tracks für die Navigation unterwegs liefert. Es gibt natürlich auch andere Online-Plattformen zur Routenplanung, die wahrscheinlich ähnliche Funktionen bieten. Wir haben auf diesem Sektor allerdings nicht weiter recherchiert und verglichen, da uns bikemap.net vor vielen Jahren von einem Freund empfohlen wurde und uns bis heute als „größte Fahrradroutensammlung der Welt" mit folgenden Features voll überzeugt und hervorragend unterstützt (Stand: 08/2017):

*Planungsstation*

- Die Software ist kostenlos und sehr einfach zu bedienen. Möchte man eigene Routen speichern und als GPX- oder KML-Files exportieren, registriert man sich mit E-Mail-Adresse und Passwort.

- Es lassen sich für alle Länder der Welt unterschiedliche Basiskarten einblenden: Relief Map, OpenCycleMap, OpenStreetMap, Google Roadmap, Google Hybrid (Satellitenbild). Jede dieser Karten liefert unterschiedliche, oft wertvolle Detailinformationen: Höhenlinien, ausgewiesene Radwege, Wanderwege, Infrastruktur (Shops, Lokale, Apotheken, Toiletten, Rastplätze etc.).

- Um eine Route zu planen, klickt man auf der gewählten Karte einen beliebigen Ausgangspunkt A und einen weiteren beliebigen Punkt B an. Die Route zwischen A und B mit allen Abzweigungen und Kurven wird automatisch auf dem kürzestmöglichen bzw. fahrradfreundlichsten Weg erstellt. Möchte man lieber eine andere als die vorgeschlagene Route, löscht man den Punkt B und setzt entsprechend – von A ausgehend – ein paar Zwischenwegpunkte, bis man auf der gewünschten Route nach B kommt.

- Bikemap.net folgt nicht nur Straßen, sondern auch automatisch dem Wegverlauf von Schotterpisten und Wanderwegen, ohne dass man bei jeder Kurve einen Wegpunkt (Waypoint) setzen muss – das erleichtert und beschleunigt die Planung einer Route enorm. Andererseits muss man aufpassen, dass man nicht ungewollt auf einem schmalen, steilen Wanderweg landet, der mit Mountainbikes bergab wahrscheinlich Spaß macht, aber mit einem voll bepackten Reiserad bergauf nur extrem mühsam passierbar wäre.

- Man sieht jederzeit während der Planung (Klick für Klick) die bisherigen Kilometer und Höhenmeter (inkl. Höhendiagramm).

- Wenn man fertig geplant hat, klickt man auf „Route speichern“ und kann anschließend seine Tour als GPX- oder KML-File herunterladen.

- Man kann wählen, ob eine Route „privat“ oder „öffentlich“, d. h. für andere User sichtbar, ist.

■ Die gespeicherten Routen lassen sich jederzeit online von beliebigen Geräten abrufen, aber auch bearbeiten oder wieder löschen.

Bei Mehrtages- oder gar Wochentouren splitten wir die Route während der Planung in einzelne Abschnitte – quasi Etappen –, damit einerseits unser GPX-File nicht zu groß wird und wir andererseits im Falle eines Systemfehlers oder Browser-Absturzes nicht alle bisher gesetzten Wegpunkte verlieren würden und damit wieder von vorne anfangen müssten.

Wenn wir alle GPX-Files gespeichert haben, organisieren wir uns noch die entsprechende(n) Basiskarte(n) für unser GPS-Gerät, damit wir auch unterwegs beim Navigieren nicht nur unseren Track, sondern auch Straßen, Wege, Höhenlinien etc. sehen. Die Website openmtbmap.org bietet basierend auf OpenStreetMap für zahlreiche Länder der Welt detaillierte Mountainbike- und Wanderkarten zum kostenlosen Download an. Diese digitalen Karten sind natürlich auch perfekt für Radreisen geeignet.

*Online-Routenplanung auf bikemap.net*

# Specials

Für Reisen in exotische Länder, von denen wir keine geeigneten Straßenkarten für die Orientierung vor Ort verfügbar haben, drucken wir uns gerne
Screenshots von Google Earth oder Bing Maps aus, auf denen Straßen und
Schotterpisten erkennbar sind. Wir markieren dann farbig unsere Route, um
sicher weiter navigieren zu können, sollte unser GPS unterwegs plötzlich
streiken.

Bei unserer Reiseplanung für den Oman hat uns diese Methode geholfen,
einen vermeintlichen – von Google als solchen gekennzeichneten – Weg
als Flussbett (Wadi) zu identifizieren, durch das eine stundenlange Fahrt
mit dem Reiserad sicher kein Genuss, wenn nicht gar unmöglich gewesen
wäre. In Berichten anderer Radreisender hatten wir zuvor schon gelesen,

*Ausschnitt aus unserem Oman-Roadbook (blau = Asphalt / grün = Schotter)*
*Hintergrund-Screenshot: bikemap.net*

dass in Karten verzeichnete Straßen vor Ort tatsächlich gar nicht existieren, was in entlegenen, unwegsam-bergigen Regionen sehr unangenehm werden kann, wenn man unvermutet in einer Sackgasse landet.
Auf vielen Satellitenbildern von Google Maps oder Bing Maps (teilweise ak-
tueller und besser aufgelöst als bei Google) erkennt man erstaunlich gut, ob
die geplante Route fahrbar sein sollte oder nicht.

Für sehr einsame und unbekannte Gegenden erstellen wir in Excel eine Art
Roadbook, in das wir wichtige Punkte mit Kilometer- und Höhenmeteranga-
ben notieren – etwa längere Anstiege oder Ortschaften, in denen wir wahrscheinlich wieder Wasser tanken und Lebensmittel kaufen können. Auch Notizen über Bodenverhältnisse (Asphalt, Schotter etc.) helfen, die Reisezeit
zwischen Versorgungspunkten im Vorfeld besser abschätzen zu können.

*Was du nicht im Kopf hast ...*
*(Norwegen/Slådalsvegen)*

Zwiebel, Knoblauch, Gemüse etc.). In Peters linker hinterer Tasche verstauen wir alle Frühstückssachen (Kaffee, Tee, Eipulver, Milchpulver, Mehl, Zucker, Butter, süße Aufstriche, Rosinen, Zimt, Kokosflocken etc.) sowie Besteck, Brot, Kuchen und die Thermoskanne für unsere Jausen unterwegs. In der linken Außentasche sind die kurzen Regenhosen sowie die zwei Wassersäcke schnell griffbereit. Rechts hinten bringen wir dann die gesamte technische Ausrüstung (Laptop, alle Ladegeräte, Solarpanel plus Akku), den Wasserfilter sowie Pfanne und Kochtopf unter. In die rechte Außentasche packen wir u. a. WD40, Kettenöl und einen Putzlappen.

Zwischen unseren hinteren Gepäcktaschen haben wir beide einen wasserdichten Packsack mit Luftventil montiert. In einem befinden sich Zelt inklusive Heringe und Unterlagsmatte sowie das Moskitonetz und ein kleiner Campinghocker (261 g), im anderen unsere Plastikschlapfen und die langen Regenüberhosen. Unsere wasserdichten und kuschelig-warmen SealSkinz-Socken (s. Kapitel *Kleidung)*, die wir oft abends beim Zelt anziehen, haben wir meistens zum Lüften außen an einer der Taschen befestigt.

In unseren Lenkertaschen findet von der Fotoausrüstung (Kamera, zweites Objektiv, Reserveakku) über Handy, Stirnlampen, Notizbuch, Straßenkarte, GPS-Wechsel-Akkus bis zu Naschereien und Vorratsdosen alles Mögliche Platz.

*Naturküche in Taiwan*

# Wie werde ich satt?

Das Schöne am Radreisen ist – wie bei allen Aktivitäten an der frischen Luft –, dass man meistens einen gesunden Appetit hat und jedes Essen um Welten besser schmeckt, als wenn man zuvor nur am Schreibtisch gesessen hätte. Uns geht es zumindest so, dass wir auf Radreisen grundsätzlich sehr viel, aber auch so genussreich wie möglich essen.

*Hungerrast und Hitze – wenn die Straße zum Rastplatz wird (Italien/Umbrien)*

Der gesunde Appetit hat allerdings den kleinen Nachteil, dass die Stimmung schnell kippen kann, wenn ein Energiedefizit aufkommt und keine sinnvolle Option für eine Mahlzeit in Sicht ist, sei es, weil man keinen Proviant mit hat und in all den kleinen Ortschaften, durch die man in den letzten Stunden geradelt ist, weder ein Lokal noch ein Geschäft sichten konnte, oder weil man zwar die Taschen mit Lebensmitteln und Benzinkocher gefüllt hat, sich aber kein geeigneter Rastplatz finden lässt, da es regnet und man auf einen überdachten Unterstand hofft, oder seitlich alles so steil oder dicht bewachsen ist, dass man sich entweder auf die Straße setzen kann oder weiterfährt, bis man doch einen attraktiven Pausenplatz entdeckt. Uns ist es nicht nur einmal passiert, dass wir in der Hoffnung auf den idealen Rastplatz immer weiter- und weitergefahren sind, bis wir uns grantig und erschöpft mitten auf der Straße oder im staubigen Straßengraben niedergelassen haben, um zu essen. Dennoch waren das die Ausnahmen, an die man im Nachhinein natürlich mit einem breiten Grinsen zurückdenkt.

Für immer im Gedächtnis gespeichert haben wir auch unsere Performance im norwegischen Städtchen Lom.

Wir hatten es uns in Norwegen recht schnell zur Gewohnheit gemacht, unser Mittagessen, wenn irgendwie möglich, auf einer bequemen Tischbank einzunehmen. Also fuhren wir meistens so lange, bis wir eine solche an einem Rastplatz, einer Tankstelle oder in einer Ortschaft erspäht hatten. Oft waren wir schon richtig ausgelaugt und gierig nach einem ordentlichen Essen, wollten aber partout nicht irgendwo am Straßenrand rasten. Am schlimmsten traf es uns wenige Kilometer vor Lom, in der norwegischen Provinz Oppland. Wir waren schon dermaßen entkräftet und entnervt, dass wir beim Anblick der erlösenden Tischbank erst in Zeitfahrermanier die Abfahrt von der Hauptstraße sowie die anschließende Kurve Richtung Kinderspielplatz nahmen und dann auch noch synchron einen perfekten Triathlon-Abstieg von unseren Fahrrädern hinlegten – wie einst vor der zweiten Wechselzone. Im Laufschritt schoben wir unsere voll bepackten Reiseräder zur Tischbank. Jetzt musste jeder Handgriff

*Unser Favorit: Rastplatz mit Tischbank (Norwegen/Nordli)*

sitzen. Binnen kürzester Zeit waren die Sitzpolster auf den Bänken, die Brote geschnitten, geschmiert und belegt sowie die ersten gierigen Bissen hinuntergeschluckt. Es dauerte nicht lange, da kam ein Vater von zwei Kindern, die am benachbarten Kletterturm ihren Spaß hatten, und fragte uns interessiert, ob wir Teilnehmer einer Long-Distance-Competition seien? Wir schämten uns etwas und antworteten kleinlaut, aber wahrheitsgemäß.

Ein ordentliches Frühstück hat für uns nicht nur zu Hause, sondern auch unterwegs einen sehr hohen Stellenwert. Auf unseren ersten Radreisen waren wir noch relativ kochfaul. Wir hatten zwar so gut wie immer das gesamte Equipment (Kocher, Benzin, Töpfe etc.) mit, wären aber nie auf die Idee gekommen, bereits in der Früh ein Heißgetränk oder gar ein warmes Essen zu kochen. So geschah es oft, dass wir im Zelt sitzend ein paar Schlucke aus unseren Wasserflaschen nahmen und uns etwas Kuchen, Obst oder Brot mit Schokoaufstrich zwischen die Kiefer schoben. Als wir dann nach dem Zusammenpacken eine gute Stunde später losradelten, verspürten wir bald darauf eine unrunde Gemütslage gepaart mit einem leicht nervösen Ausschauhalten nach der erstbesten Einkehroption. Dieses gierige Verlangen nach einem morgendlichen Heißgetränk in Kombination mit einer sättigenden Mahlzeit tauchte bei uns meist nach 4–5 Tagen Unterwegssein auf und nahm tendenziell zu, sobald sich der Kopf auf den Reisealltag sowie der Körper inklusive Stoffwechsel auf täglich stundenlanges Fahrradfahren eingestellt hatten. Erst nach einem stärkenden Kaffee oder Tee im Rahmen eines zweiten Frühstücks – gerne mit warmen Sandwiches – fuhren wir entspannt und endlich wieder fokussiert auf unsere Umgebung weiter.

*Spartanisches Zeltfrühstück (Italien/Umbrien)*

In Ländern, in denen die kulinarischen Genüsse sowie das Einkehren mit zu den Highlights einer Reise zählen, zelebrieren wir unsere Frühstücke nach wie vor gerne unterwegs serviert. Ansonsten tischen wir morgens beim Zelt in aller Ruhe ordentlich auf, um genügend Energie für die ersten Stunden am Fahrrad zu speichern und möglichst genussvoll in den Tag zu starten (s. Kapitel *Rezepte* und *Ein (un)typischer Radreise-Tag*).

Ob wir lieber irgendwo einkehren oder uns selbst verpflegen, hängt natürlich immer von mehreren Faktoren ab – nicht nur von der Gegend, dem Land und dem kulinarischen Angebot, sondern auch von der Dauer der Reise und unserem vorhandenen Budget. In Taiwan kochten wir nicht einmal selbst, da erstens in beinahe jedem kleinen Dorf zumindest eine Straßenküche mit leckeren, regionalen Delikatessen lockte und zweitens ein Lebensmitteleinkauf im Supermarkt meistens teurer war als eine fertig gekochte Mahlzeit inklusive Tee. In Norwegen hingegen lief unser Kocher mindestens zweimal täglich – Kaffeehausaufenthalte waren die absolute Ausnahme.

*Straßenküchen in Taiwan – ein Highlight für sich*

Vor allem bei längeren Reisen ist es uns extrem wichtig, dass wir uns möglichst nahrhaft, abwechslungsreich und gesund ernähren. Wenn irgendwie möglich, verzichten wir komplett auf abgepackte Mahlzeiten oder Fertiggerichte – diese führen wir höchstens als Notnahrung mit (s. Kapitel *Essen und Trinken*). Viele Gemüsesorten sind nach nur 2–3 Minuten in der Pfanne bissfest fertig gebraten. Zwiebel und getrocknete Chilis kommen fast immer in die Pfanne – wir bilden uns ein, dass sie uns gesund halten. Zwecks vegetarischer Eiweißaufnahme – aber natürlich auch für den Geschmack – kaufen wir unterwegs gerne vorgekochte Kichererbsen, Kidneybohnen oder Linsen, die wir dann in der Pfanne mit dem Gemüse kurz erhitzen. Zum Braten verwenden wir in der beschichteten Pfanne kein oder nur sehr wenig Öl – meistens haben wir ein kleines Fläschchen Sonnenblumenöl dabei. Wenn wir fertig gekocht haben, gießen wir am liebsten kalt gepresstes Olivenöl über unser Essen – und von diesem nicht wenig. Ein Trainer von uns hatte immer gesagt: „Olivenöl schmiert die Muskeln." Ob da ernährungs-/sportwissenschaftlich etwas dran ist, wissen wir nicht – aber es schmeckt hervorragend. Was wir grundsätzlich lieben: Ernteeinsätze unterwegs. Wenn wir irgendwo am Wegesrand köstliche Beeren oder Pilze sichten, zücken wir unsere Becher oder Taschen und sammeln, was das Zeug hält. Ob duftende Walderdbeeren, wilde Johannis- oder Himbeeren, süße Heidel- oder herb-saure Preiselbeeren, sie bereichern nicht nur farblich und geschmacklich alle möglichen Speisen, sondern liefern auch wertvolle Vitamine und Mineralstoffe.

*Heidelbeerernte in Norwegen*

Wenn wir einen schmackhaften Speisepilz am Straßenrand entdecken, freuen wir uns genauso, denn dieser Fund ist dann die Krönung des abendlichen Pasta- oder Reisgerichts. Skandinavien ist – zumindest im Sommer – ein wahres Paradies für Pilze und wilde Beeren. Es gab Tage, an denen uns alle paar Meter prächtige Birkenpilze und frische Rotkappen am

*Eierschwammerl frisch aus dem Moos in die Pfanne (Norwegen)*

Waldesrand entgegenstrahlten. Und unsere absoluten Lieblinge – die Eierschwammerl (Pfifferlinge) – säumten unsere Wege vom südlichen Norwegen bis in die lieblichen Wälder Dänemarks.

Wer sich ein wenig mit Wildkräutern auskennt, findet in vielen Gegenden Pflanzen, welche mit ihren wertvollen Inhaltsstoffen die oft spartanische Outdoor-Küche schnell und einfach bereichern können. Brennnessel und Löwenzahn kennen wahrscheinlich die meisten, aber auch Schafgarbe, Spitz- und Breitwegerich sowie Vogelmiere und Giersch findet man nicht nur auf heimischen Wiesen oft in Hülle und Fülle. Wir verwenden die jungen Blätter einiger Wildkräuter gerne als Salatersatz, weil sie uns schmecken und wir sie unterwegs als einfach verfügbare Vitamin- und Mineralstofflieferanten schätzen.

Damit wir jetzt nicht den Anschein verkappter Gesundheitsapostel wecken, müssen wir zum Abschluss dieses Kapitels unsere absolute Schwäche für Koffein und Zucker eingestehen.

Denn in Ländern mit Kaffee- und Kuchenkultur frönen wir ausgiebigst diversen süßen Verlockungen und Leckereien. Schon auf unserer ersten gemeinsamen Radreise von Wien über Slowenien und Kroatien bis nach Montenegro hielten wir bald wie gebannt Ausschau nach Schildern mit der Aufschrift „Pekarna" (dt. Bäckerei).

Und wenn wir mit dem Fahrrad durch Italien reisen, gönnen wir uns nicht selten gleich zweimal täglich „Dolce & Caffè".  In Südtirol begaben wir uns bereits eifrig auf die Suche nach dem besten Mürbteig-Apfelstrudel und wurden im Villnößtal fündig. Aber auch in Dänemark, Deutschland und Frankreich gehörten auf unserer Radreise 2016 Zwischenstopps in Bäckereien beinahe zum täglichen Ritual.

*Cappuccino & Dolce in Bella Italia*

# Rezepte für die Campingküche

Um ein paar Ideen zu liefern, wie man sich unterwegs trotz simpler Küchenausstattung relativ einfach und schnell kulinarisch verwöhnen kann, möchten wir hier ein paar unserer Lieblingsrezepte vorstellen, die schon oft für reges Interesse und neugierige Blicke unserer Camping-Nachbarn gesorgt haben.

Nachdem wir zum Zeitpunkt unserer Reisen noch nicht wussten, dass wir einmal dieses *Handbuch Radreisen* schreiben werden, haben wir es verabsäumt, „richtige" Essensfotos, wie man sie von Kochbüchern und Magazinen her gewohnt ist, zu knipsen – vielleicht wäre uns das auch gar nicht gelungen. Was wir allerdings sehr wohl regelmäßig gemacht haben, sind „dokumentarische" Aufnahmen unserer Speisen, aus denen wir die Collage der vorangegangenen Doppelseite gestaltet haben, um zumindest einen Eindruck zu vermitteln, wie wir die verschiedenen Topf- und Pfannengerichte auf unserem Benzinkocher zubereiten. Die nachfolgenden Rezeptideen finden sich teilweise in dieser Collage wieder – oft zeigen die Bilder aber auch bunte Variationen, abhängig von Zutaten, Lust und Laune.

## Frühstück

Das Frühstück wird von vielen Menschen als die wichtigste Mahlzeit des Tages angesehen. Dieser Ansicht können auch wir einiges abgewinnen, denn einerseits sammelt man kostbare Energie für die kommenden Stunden und andererseits startet man dank eines positiven Geschmackserlebnisses motiviert und gut gelaunt in den neuen Tag. Die Basis eines ordentlichen Frühstücks bildet für uns immer ein aufputschendes Heißgetränk. Unsere Favoriten dabei sind „Turek"-Kaffee und Indischer Chai-Tee. Vor allem an kalten, nassen Tagen ist es wie Balsam für die Seele, wenn man frühmorgens seine Hände an eine heiße Tasse schmiegen kann und kurz darauf die ersten Schlucke für eine wohlige Wärme von innen heraus sorgen.

# „TUREK"-KAFFEE

### Zutaten (pro Tasse)

1–2 TL  gemahlener Kaffee

300 ml  heiß gekochtes Wasser

1 TL  Milchpulver (s. Kapitel *Essen und Trinken)*

je nach Bedarf: 1 TL Zucker

### Zubereitung

Mit einem Teelöffel vermengen wir in einer unserer Trinktassen Kaffeepulver, Milchpulver und Zucker. Wenn das Wasser im Kochtopf heiß ist, schütten wir den Pulver-Mix in den Topf, rühren mit dem Löffel kräftig um und warten dann ein wenig ab, bis sich der Kaffeesatz gesetzt hat. Danach gießen wir den trinkfertigen Kaffee in unsere Tassen.

In Tschechien wird diese Methode der Kaffee-Zubereitung (filterlos und das Absetzen des Kaffeesatzes abwartend) „Turek" genannt – Hana kennt diese Zubereitungsart von klein auf. Uns schmeckt der „Turek" auf Basis eines guten gemahlenen Kaffees tausendmal besser als irgendein Instantkaffee oder andere Fertigpulver.

# INDISCHER CHAI

### Zutaten

1 Beutel  Schwarztee (pro Thermosflasche)

1 TL  Milchpulver (pro Tasse)

*je nach Bedarf pro Tasse:*

1 TL Zucker

1 Prise Kardamom-Pulver

### Zubereitung

Wir kochen das Teewasser schon in der Früh zusammen mit dem Kaffeewasser und gießen es dann in unsere Thermosflasche (900 ml), Teebeutel rein, nach 3–5 Minuten raus, Thermosflasche zu – fertig. Wir trinken meist eine oder mehrere Tassen Chai-Tee unterwegs, wenn wir eine Kuchenpause einlegen, und freuen uns jedes Mal über dessen kräftigende, aufputschende Wirkung. Aber auch abends sind wir oft froh, wenn noch heißer Tee in der Flasche ist – nicht nur wenn es draußen kalt ist.

# KAISERSCHMARREN

Vorbereitungszeit: ca. 10–15 Minuten

Kochzeit: ca. 10 Minuten

Kaiserschmarren zum Frühstück ist für uns das absolute Highlight und Lieblingsgericht bei unseren morgendlichen Outdoor-Mahlzeiten. Am besten schmeckt er natürlich mit unterwegs gesammelten Beeren. Das Grundrezept ist relativ simpel:

## Zutaten (2 Portionen)

|  |  |
|---|---|
| 4 | rohe Eier oder 4 EL Eipulver |
| 2–3 EL | Milchpulver (wenn vorhanden – ansonsten schmeckt der süße Schmarren auch ohne Milch(pulver) erstaunlich gut) |
| 7–8 EL | Mehl (klappt mit Dinkel- oder Weizenmehl genauso gut wie mit Gerstenmehl – in Norwegen „Byggmel") |
| ca. 500 ml | kaltes Wasser, je nach Ei-/Milchpulver- und Mehlmenge |

|  |  |
|---|---|
| 1–2 EL | Zucker |
|  | Bratöl (wir nehmen meistens Sonnenblumenöl) |
|  | Zimt |
|  | Rosinen |
|  | frisch gesammelte Beeren (Him-, Brom-, Johannis-, Erd-, Heidel-, Preiselbeeren etc.) |

**TIPP:** *Wir verwenden Bio-Volleipulver (1 kg Volleipulver entspricht ca. 84 Eiern) und Bio-Vollmilchpulver (26% Fett i. Tr., leicht löslich) – beides z. B. in Online-Backshops erhältlich.*

*Kaiserschmarren-Variationen*

## Zubereitung

Wir verrühren in einer Schüssel Ei- und Milchpulver mit dem Wasser, bis keine großen Klumpen mehr zu sehen sind, und geben danach das Mehl hinzu. Das Ganze rühren wir wieder mit der Gabel so lange, bis wir eine dickflüssige, homogene Masse erhalten. Falls nötig, gießen wir noch etwas Wasser nach.

Wenn verfügbar streuen wir etwas Zimt und Rosinen in die Masse.

Danach gießen wir die Kaiserschmarrenmasse in die Pfanne mit etwas Öl und stellen diese auf den Kocher. Die Flamme unseres Benzinkochers justieren wir auf mittel bis klein, damit nichts zu schnell anbrennt.

Jetzt kommt der wichtigste Teil für die Zubereitung am Camping-Kocher: Mit unserem Pfannenwender prüfen wir regelmäßig vom äußeren Rand der Pfanne Richtung Mitte, ob am Boden der Pfanne etwas anbrennt. Beim Anheben der Masse rinnt natürlich der noch flüssige Teil von oben nach unten, was okay ist, da so die gesamte Masse nach und nach stockt.

Wenn der Großteil der Masse kompakt ist, vierteln wir sie mit dem Pfannenwender und wenden jedes Viertel einzeln um. Wenn in der Pfanne nichts mehr flüssig ist, streuen wir den Zucker darüber, teilen mit dem Pfannenwender die Viertel in kleinere Stücke und lassen alles ein wenig ankrusten.

Wenn wir frische Beeren haben, lassen wir diese nun 1–2 Minuten in der Pfanne mitbraten, bis ihr köstlicher Saft austritt.

**TIPP:** *Oft kaufen wir unterwegs auch rohe Eier im 6er- oder 10er-Karton und transportieren diesen in einem extra Plastiksackerl ganz oben in einer unserer Gepäcktaschen. Trotz ruppiger Straßen und Wege ist uns unterwegs noch nie ein Ei kaputtgegangen.*

# COUSCOUS

Vorbereitungszeit: ca. 3 Minuten

Kochzeit: Wasser aufkochen – danach Flamme aus und ca. 3–5 Minuten ziehen lassen

Das wahrscheinlich schnellste warme Frühstück überhaupt …

## Zutaten (2 Portionen)

ca. 150–175 g  Couscous

ca. 300 ml  Wasser

Kokosflocken (damit am besten nicht sparen)

Trockenobst (z. B. Rosinen, Datteln etc.)

Nüsse

Honig

## Zubereitung

Das Wasser aufkochen.

Eventuell Datteln und Nusskerne zerkleinern.

Wenn das Wasser im Topf kocht (oder noch besser kurz davor), den Couscous hineingeben, umrühren und den Deckel wieder auf den Topf geben; danach gleich den Kocher ausmachen.

Nach ca. 2 Minuten kann man Kokosflocken, Trockenobst und Nüsse unterrühren und das Ganze nochmals 1–2 Minuten ziehen lassen.

Honig draufgeben und fertig.

**TIPP:** *Wenn es draußen sehr kalt ist, kann man, nachdem man den Couscous ins Wasser geschüttet hat, den Kocher auch auf kleiner Flamme weiterbrennen lassen, damit das Ganze nicht zu schnell auskühlt – sonst war es das mit dem warmen Frühstück.*

## PORRIDGE

Vorbereitungszeit: ca. 5 Minuten

Kochzeit: Wasser aufkochen plus ca. 2 Minuten – danach noch kurz ziehen lassen

### Zutaten (2 Portionen)

| | | |
|---|---|---|
| ca. 200–250 g | Haferflocken | Zimt, Trockenobst (z. B. Rosinen, |
| ca. 500 ml | Wasser (oder Milch) | Datteln etc.) oder frisches Obst |
| ca. 3 EL | Milchpulver | (Banane, Apfel, Pflaumen, Beeren |
| | (natürlich nur bei Wasser) | etc.), Nüsse, Honig |
| | | wenn das Frühstück richtig einheizen |
| | | soll: Ingwer |

## Zubereitung

Das Wasser mit dem Milchpulver gut verrühren und danach im Kochtopf aufkochen (alternativ: Milch aufkochen). Wenn die Milch (oder der Wasser-Milchpulver-Mix) kocht, Haferflocken und – falls vorhanden – fein geschnittenen Ingwer hineingeben, umrühren und den Deckel wieder auf den Topf geben; den Kocher auf kleiner Flamme ca. 1–2 Minuten weiterkochen lassen; danach den Kocher ausmachen. Zimt und – falls vorhanden – klein geschnittenes Trockenobst sowie Nüsse unterrühren und das Ganze nochmals 1–2 Minuten ziehen lassen. Honig und – falls vorhanden – frisches Obst draufgeben und fertig. Natürlich kann man Haferflocken auch nur mit Wasser aufkochen. Bei uns beiden weckt diese Variante allerdings eher Kindheitserinnerungen an nicht ganz so köstlichen Haferschleim bei Magenerkrankungen oder Übelkeit – insofern kochen wir Porridge nur, wenn wir Milch oder Milchpulver verfügbar haben. Wer keine Milch verträgt oder trinken möchte, kann natürlich auch zu Hafer-, Mandel- oder Sojamilch greifen, was jedoch in vielen Regionen recht schwierig werden dürfte.

**TIPP:** *Nachdem die Topfreinigung etwas mühsamer ist als bei Kaiserschmarren oder Couscous, kochen wir Porridge meistens nur, wenn wir genügend Wasser zum Abspülen haben. Am besten lässt man den Topf möglichst bald nach dem Kochen/Essen ein paar Minuten einweichen und reinigt ihn danach.*

# SÜSSE POLENTA

Vorbereitungszeit: ca. 5 Minuten

Kochzeit: Wasser aufkochen plus ca. 2 Minuten – danach noch kurz ziehen lassen

Eine kräftigende, abwechslungsreiche Alternative zu Haferflocken ist Maisgrieß/Polenta. Von Rezept und Zubereitung her ist diese Frühstücksoption sehr ähnlich wie Porridge.

## Zutaten (2 Portionen)

| | | |
|---|---|---|
| ca. 150–200 g | Polenta | Kokosflocken, Trockenobst |
| ca. 500 ml | Wasser (oder Milch) | (z. B. Rosinen, Datteln etc.) oder |
| ca. 3 EL | Milchpulver (natürlich nur bei Wasser) | frisches Obst (Banane, Apfel, Pflaumen, Beeren etc.) |
| | | Nüsse, Honig |

## Zubereitung

Das Wasser mit dem Milchpulver gut verrühren und danach im Kochtopf aufkochen (alternativ: Milch aufkochen). Wenn die Milch (oder der Wasser-Milchpulver-Mix) kocht, Polenta hineingeben und umrühren. Aufpassen, dass die Polenta nicht zu stark blubbert und nach oben spritzt – an freien Hautstellen kann man sich sonst schnell verbrennen. Den Deckel wieder auf den Topf geben; den Kocher auf kleiner Flamme ca. 1–2 Minuten weiterkochen lassen; danach den Kocher ausmachen. Kokosflocken und – falls vorhanden – klein geschnittenes Trockenobst sowie Nüsse unterrühren und das Ganze nochmals 1–2 Minuten ziehen lassen. Honig und – falls vorhanden – frisches Obst draufgeben und fertig. Bei Polenta scheiden sich unsere Geister extrem hinsichtlich der perfekten Konsistenz. Für Hana kann sie nicht flüssig genug sein (Polenta-Suppe quasi), Peter mag eher feste Polenta (also etwas zum Beißen). Insofern ist dieses an sich köstliche Frühstücksgericht auf unseren Radreisen die absolute Seltenheit.

**TIPP:** *Nachdem die Topfreinigung wie bei Porridge etwas mühsamer ist als bei Kaiserschmarren oder Couscous, kochen wir Polenta ebenfalls nur, wenn wir genügend Wasser zum Abspülen haben. Am besten lässt man den Topf möglichst bald nach dem Kochen/Essen ein paar Minuten einweichen und reinigt ihn danach.*

# JOGHURT

Zubereitungszeit: ca. 3 Minuten

Wenn wir einmal keine Lust auf ein warmes Frühstück haben und dennoch eine Alternative zu Butterbrot mit süßen Aufstrichen möchten, dann ist eine Schüssel Joghurt mit Haferflocken, Obst und Nüssen für uns genau das Richtige. Wir kaufen oft in Supermärkten Joghurt oder ähnliche Molkereiprodukte – in Norwegen ist es der phänomenale Rømme (zwischen 10% und 35% Fett – wir lieben den Klassiker mit 18%). Der „ungekühlte" Transport in den Packtaschen ist für 1–2 Tage überhaupt kein Problem, vorausgesetzt, es hat keine 40° C Außentemperatur. Während unserer Reisen hat ein Becher Joghurt jedoch ohnehin kein sehr langes Leben – spätestens einen Tag nach dem Kauf ist er leer gegessen.

## Zutaten (2 Portionen)

| | |
|---|---|
| ca. 500 g | Joghurt |
| ca. 250 g | Haferflocken |
| | Trockenobst (z. B. Rosinen, Datteln etc.) |
| | oder frisches Obst (Banane, Apfel, Pflaumen, Beeren etc.) |

## Zubereitung

Das Obst schneiden, alles miteinander in der/den Schüssel/n verrühren und gut schmecken lassen.

## Mittag-/Abendessen

Wenn wir mittags eine warme Mahlzeit kochen, essen wir abends häufig „nur" kalte Brote mit Butter, Käse oder irgendwelche Aufstriche. Vorwiegend gibt es bei uns jedoch nach einem kräftigenden, warmen Frühstück tagsüber nur schnell etwas Kaltes – gekocht wird dann dafür abends nochmals.

Bei unseren herzhaften, warmen Mahlzeiten wählen wir immer eine sättigende Basis (Pasta, Reis, Kartoffeln, Gnocchi, Polenta, Couscous etc.) und mixen dazu je nach Lust, Laune und Verfügbarkeit frisches Gemüse sowie eines oder mehrere unserer mitgeführten Gewürze. Gemüsesorten, die grundsätzlich auch roh gut genießbar sind, landen besonders oft in unserer Pfanne, um Brennstoff zu sparen – z. B.: Paprika, Zucchini oder Kraut. Auch Zwiebel und Knoblauch sind so gut wie immer mit dabei. Die meisten der folgenden Rezepte sind beliebig kombinierbar – d. h. sie funktionieren sowohl mit Pasta als auch mit Reis oder Couscous oder einer anderen Basis ausgezeichnet, einfach und schnell.

Zudem müssen keineswegs immer genau die von uns genannten Zutaten in die Pfanne, damit das Gericht schmeckt – unsere Rezepte sollen vorrangig ein paar Ideen liefern und inspirieren, um sich unterwegs abseits von Dosen- und Fertiggerichten abwechslungsreich zu ernähren.

Was wir nicht bei jedem Gericht extra dazu vermerken: Wir verwenden zwecks finaler Sättigung und Vorwäsche von Kochtopf und Pfanne, aus denen wir direkt heraus essen, immer auch eine Scheibe Brot, um unser Geschirr von letzten Essens- und Ölresten zu befreien (s. Kapitel *Geschirrwaschen*).

# PASTA MIT ZUCCHINI, ZWIEBEL, KNOBLAUCH UND TOMATENMARK

Vorbereitungszeit: ca. 5 Minuten

Kochzeit: Wasser aufkochen plus (je nach Pastasorte) ca. 2–4 Minuten (Hälfte der empfohlenen Kochzeit); plus ca. 5 Minuten Bratzeit für das Gemüse

Teigwaren sind auf unseren Reisen meistens Grundnahrungsmittel Nummer eins – ein Pasta-Gericht ist überall schnell zubereitet, flexibel hinsichtlich der Zutaten und Gewürze sowie geschmacklich hervorragend.

## Zutaten (2 Portionen)

| | | |
|---|---|---|
| ca. 300 g | Pasta | Tomatenmark |
| ca. 500 ml | Wasser | Salz, Chili, Oregano |
| 1 | Zucchini | Parmesan |
| 1 | Zwiebel | Bratöl |
| 2–3 | Knoblauchzehen | Olivenöl |

## Zubereitung

Etwas Bratöl in die Pfanne gießen, Zwiebel und Zucchini direkt in kleinen Scheiben oder Stücken in die Pfanne schneiden und das Tomatenmark aus der Tube großzügig auf das Gemüse pressen.

Den Knoblauch klein schneiden und irgendwo separat deponieren.

Das Wasser im Kochtopf aufkochen, salzen und die Pasta hineingeben.

Nach circa der Hälfte der empfohlenen Kochzeit den Pasta-Topf vom Kocher nehmen und auf den Boden stellen; die restliche Kochzeit die Pasta einfach im heißen Wasser weiterziehen lassen – sie ist danach meistens perfekt „al dente"; ansonsten noch 1–2 Minuten weiterziehen lassen. Wenn die Pasta die richtige Konsistenz hat, das Wasser durch das Sieb im Deckel abgießen.

Sobald der Topf vom Kocher genommen wurde, die Pfanne mit dem Gemüse daraufstellen, und das Gemüse auf mittlerer Flamme ca. 3–4 Minuten anbraten; immer wieder umrühren.

Chili, Oregano und Knoblauch dazugeben und noch ca. 1 Minute weiterbraten lassen; immer wieder umrühren; den Kocher ausmachen.

Die Hälfte des Gemüses in den Topf mit der Pasta und umgekehrt die Hälfte der Pasta in die Pfanne zum Gemüse schütten – so ist zu zweit alles gerecht aufgeteilt. Reichlich Olivenöl und Parmesan hinzufügen und kräftig verrühren – fertig.

Parmesan ist unterwegs natürlich eher die Seltenheit, aber wenn er im Supermarkt verfügbar und halbwegs leistbar ist, greifen wir dankbar zu – in Italien darf es dann auch gerne die XXL-Packung eines bereits geriebenen Parmigiano Reggiano sein.

**TIPPS:** *Wir achten beim Einkauf vor allem auf die Form der Nudeln sowie deren empfohlene Kochzeit, um Wasser und Brennstoff zu sparen. Am liebsten – auch geschmacklich – sind uns die ganz dünnen Spaghetti (Capellini/Nr.1) mit einer empfohlenen Kochzeit von nur 3 Minuten. Pasta mit einem großen Durchmesser und Hohlraum (wie etwa Rigatoni) meiden wir – abgesehen von der meist deutlich längeren Kochzeit – schon alleine in Hinblick auf die nötige Wassermenge im Kochtopf und das Volumen in der Packtasche.*

*Tomatenmark in der Tube eignet sich hervorragend für zahlreiche Camping-Gerichte, da es ein geringes Gewicht hat, wenig Platz benötigt, gut haltbar ist und vor allem Pasta-Gerichten einen ausgezeichneten Geschmack verleiht.*

# REIS MIT KICHERERBSEN, GETROCKNETEN TOMATEN UND WEISSKRAUT

Vorbereitungszeit: ca. 5 Minuten

Kochzeit: Wasser aufkochen plus (je nach Reissorte) ca. 4–6 Minuten (Hälfte der empfohlenen Kochzeit); plus ca. 6–8 Minuten Bratzeit für das Gemüse

Auch bei der Wahl der Reissorte achten wir auf die empfohlene Kochzeit und wählen meistens das Produkt mit der kürzesten. Geschmacklich ist Basmatireis unser absoluter Favorit.

## Zutaten (2 Portionen)

| | | | |
|---|---|---|---|
| ca. 250 g | Reis | 1 | Zwiebel |
| ca. 400 ml | Wasser | 2–3 | Knoblauchzehen |
| 1 Dose | gekochte Kichererbsen | | Salz, Chili, eigener Gewürz-Mix (Schwarzer Kümmel, Bockshornklee, |
| 3–4 Stück | getrocknete Tomaten | | Koriandersamen, Senfkörner) |
| ⅓ | Weißkraut | | Bratöl |
| | | | Olivenöl |

## Zubereitung

Etwas Bratöl in die Pfanne gießen. Zwiebel, Weißkraut und getrocknete Tomaten direkt in kleinen Scheiben oder Stücken in die Pfanne schneiden und die Gewürze darauf verteilen. Den Knoblauch klein schneiden und irgendwo separat deponieren. Die Dose mit Kichererbsen öffnen und das Wasser abrinnen lassen.

Das Wasser im Kochtopf aufkochen, salzen und den Reis hineingeben.

Nach ca. der Hälfte der empfohlenen Kochzeit den Topf vom Kocher nehmen und auf den Boden stellen; die restliche Kochzeit den Reis einfach im heißen Wasser weiterziehen lassen – das gesamte Wasser wird vom Reis aufgenommen.

Sobald der Topf vom Kocher genommen wurde, die Pfanne mit dem Gemüse daraufstellen und das Gemüse auf mittlerer Flamme anbraten; immer wieder umrühren.

Nach ca. 3–4 Minuten die Kichererbsen unterrühren und noch ca. 2 Minuten weiterbraten lassen; immer wieder gut umrühren.

Zum Schluss den Knoblauch untermischen und noch ca. 1 Minute weiterbraten lassen; ab und zu umrühren; den Kocher ausmachen.

Die Hälfte des Gemüses in den Topf mit dem Reis und umgekehrt die Hälfte vom Reis in die Pfanne zum Gemüse schütten – so ist zu zweit alles gerecht aufgeteilt. Reichlich Olivenöl hinzufügen und kräftig verrühren – fertig.

*Kochen im Outer Space (unsere Zelterweiterung)*

# KARTOFFELN MIT KIDNEYBOHNEN UND GEBRATENEM GEMÜSE

Vorbereitungszeit: ca. 10 Minuten

Kochzeit: Wasser aufkochen plus ca. 4–5 Minuten für die Kartoffeln; plus ca. 6–8 Minuten Bratzeit für das Gemüse

Wir lieben die Kartoffel als basisches Grundnahrungsmittel und als leckere Alternative zu säurebildenden Lebensmitteln wie Getreide, Reis oder Teigwaren. Auch wenn das Schälen und Schneiden in kleine Würfel ein paar Minuten Zeit kostet, stehen Kartoffelgerichte zur Freude unserer Mägen regelmäßig am Speiseplan, wenn wir mit dem Camping-Kocher auf Reise sind.

## Zutaten (2 Portionen)

| | | | |
|---|---|---|---|
| ca. 400 g | (ca. 4 große) Kartoffeln | ½ | Zucchini |
| ca. 600 ml | Wasser | 1 | Zwiebel |
| 1 Dose | gekochte Kidneybohnen | 2–3 | Knoblauchzehen |
| 1 | roter Paprika | | Salz, Chili, Gulaschgewürzmischung (u. a. Paprika und Kümmel) |
| | | | Bratöl |

## Zubereitung

Die Kartoffeln schälen und in ca. 1 cm großen Würfeln in den Kochtopf schneiden (verringert die Kochzeit gewaltig).

Etwas Bratöl in die Pfanne gießen. Zwiebel und Gemüse direkt in kleinen Scheiben oder Stücken in die Pfanne schneiden und die Gewürze darauf verteilen.

Den Knoblauch klein schneiden und irgendwo separat deponieren.

Die Dose mit Kidneybohnen öffnen und das Wasser abrinnen lassen.

Das Wasser in den Kochtopf zu den Kartoffeln gießen, salzen und aufkochen.

Nach ca. 4–5 Minuten Kochzeit den Topf vom Kocher nehmen und auf den Boden stellen; die Kartoffeln im heißen Wasser noch etwas weiterziehen lassen, bis sie einen guten Biss haben; das Wasser durch das Sieb im Deckel abgießen.

Sobald der Topf vom Kocher genommen wurde, die Pfanne mit dem Gemüse daraufstellen und das Gemüse auf mittlerer Flamme anbraten; immer wieder umrühren.

Nach ca. 3–4 Minuten die Kidneybohnen unterrühren und noch ca. 1–2 Minuten weiterbraten lassen; immer wieder gut umrühren.

Zum Schluss den Knoblauch hinzufügen und noch ca. 1 Minute weiterbraten lassen; ab und zu umrühren; den Kocher ausmachen.

Die Hälfte des Gemüses in den Topf mit den Kartoffeln und umgekehrt die Hälfte der Kartoffeln in die Pfanne zum Gemüse schütten – so ist zu zweit alles gerecht aufgeteilt.

Reichlich Olivenöl hinzufügen und kräftig verrühren – fertig.

*Outdoor-Cooking in Schweden*

# COUSCOUS (ODER BULGUR) MIT CURRY, NÜSSEN UND WEISSKRAUT

Vorbereitungszeit: ca. 5 Minuten

Kochzeit: Wasser aufkochen plus bei Bulgur ca. 3–4 Minuten; plus ca. 6–8 Minuten Bratzeit für das Gemüse

Beim Radreisen haben wir meist irgendwo eine Packung gerösteter Erdnüsse eingesteckt – eher für salzige Naschereien zwischendurch. Aber auch einige herzhafte Mahlzeiten erhalten durch die Zugabe dieser oder anderer Nüsse ein überraschend raffiniertes Aroma. In Kombination mit Rosinen oder Datteln lassen sich sehr einfach und schnell exotische Gerichte in die Pfanne zaubern. Auch ein wenig von einer Packung Studentenfutter kann man in die Pfanne mit Weißkraut, Zwiebel, Knoblauch und Chili mixen – es muss nicht immer Pasta mit Tomatenmark sein!

## Zutaten (2 Portionen)

| | | |
|---|---|---|
| ca. 250 g | Couscous (oder Bulgur) | Salz, Chili, Currygewürzmischung |
| ca. 500 ml | Wasser | geröstete Erdnüsse (oder andere Nüsse) |
| ⅓ | Weißkraut | Rosinen (oder Datteln) |
| 1 | Zwiebel | Bratöl |
| 2–3 | Knoblauchzehen | Olivenöl |

## Zubereitung

Etwas Bratöl in die Pfanne gießen. Zwiebel und Weißkraut direkt in kleinen Scheiben oder Stücken in die Pfanne schneiden.

Den Knoblauch klein schneiden und irgendwo separat deponieren.

Das Wasser im Kochtopf aufkochen, salzen und das Getreide hineingeben.

Bei Couscous kann man den Kochtopf sofort von der Flamme entfernen und beiseite stellen; Bulgur kocht ca. 3–4 Min., bevor man ihn im heißen Wasser weiterziehen lässt – das gesamte Wasser wird vom Getreide aufgenommen.

Sobald der Topf vom Kocher genommen wurde, die Pfanne mit dem Gemüse darauf-stellen und das Gemüse auf mittlerer Flamme anbraten; immer wieder umrühren.

Nach ca. 3–4 Minuten Gewürze, Nüsse und Rosinen (oder Datteln) unterrühren und noch ca. 2–3 Minuten weiterbraten lassen; immer wieder gut umrühren.

Zum Schluss den Knoblauch untermischen und noch ca. 1 Minute weiterbraten las-sen; ab und zu umrühren; den Kocher ausmachen.

Die Hälfte des Gemüses in den Topf mit dem Getreide und umgekehrt die Hälfte vom Getreide in die Pfanne zum Gemüse schütten – so ist zu zweit alles gerecht aufgeteilt.

Reichlich Olivenöl hinzufügen und kräftig verrühren – fertig.

*Ein schneller Genuss: Spiegeleier in der Pfanne*

# BUTTERBROTE MIT ZWIEBEL, KÄSE UND SPIEGELEI

Vorbereitungszeit: ca. 2–3 Minuten

Bratzeit in der Pfanne: ca. 6–7 Minuten

Für dieses Gericht eignet sich das sonst so praktische Vollei-Pulver logischerweise nicht. Wir kaufen jedoch auch unterwegs oft rohe Eier im 6er- oder 10er-Karton und transportieren diesen in einem extra Plastiksackerl ganz oben in einer unserer Gepäcktaschen. Trotz ruppiger Straßen und Wege ist uns unterwegs noch nie ein Ei kaputt gegangen.

Der Butter-Transport ohne Kühlschrank klappt erstaunlich gut – selbst bei ca. 30°C Tagestemperatur ist es überhaupt kein Problem, ein Päckchen Butter – am besten in einem Kunststoffbehälter – für mehrere Tage in den Gepäcktaschen zu transportieren. Morgens/abends ist es in vielen Regionen sowieso deutlich frischer als tagsüber, sodass die Butter oft überraschend hart ist.

## Zutaten (2 Portionen)

| | | |
|---|---|---|
| 4 Scheiben | Brot | Bratöl |
| 4 Scheiben | Käse | Oregano |
| 4 | Eier | Salz & Pfeffer |
| 1 | Zwiebel | Butter (für die Brote) |

## Zubereitung

Etwas Bratöl in die Pfanne gießen und die Zwiebel direkt in kleinen Scheiben oder Stücken in die Pfanne schneiden. Die Pfanne auf den Kocher stellen und die Zwiebel auf kleiner Flamme 1–2 Minuten anbraten lassen. Die 4 Käsescheiben in die Pfanne schön nebeneinander legen.  Die Eier am Pfannenrand vorsichtig aufschlagen und jedes Ei auf eine Scheibe Käse gleiten lassen (in unserer Pfanne haben 4 Eier perfekt Platz). Inzwischen die Brote mit Butter bestreichen. Sobald die Eier die gewünschte Konsistenz haben, den Kocher ausmachen. Oregano, Salz & Pfeffer auf die Eier streuen. Mit dem Pfannenwender vorsichtig je ein Zwiebel-Käse-Ei auf ein Brot legen – fertig.

# BUTTERBROTE MIT GEBRATENEM GEMÜSE UND GESCHMOLZENEM KÄSE

Vorbereitungszeit: ca. 4–5 Minuten

Bratzeit in der Pfanne: ca. 5–6 Minuten

Zu jeder Uhrzeit perfekt und super lecker. In der Zubereitung ähnlich wie die Brote mit Spiegeleiern – nur noch eine Spur einfacher.

## Zutaten (2 Portionen)

| | | | |
|---|---|---|---|
| 4 Scheiben | Brot | 1–2 | Knoblauchzehen |
| | Käse (hart oder weich) | | Bratöl |
| ½ | Zwiebel | | Oregano, Paprikapulver, Chili |
| ½ | Paprika | | Butter (für die Brote) |
| ½ | Zucchini | | |

## Zubereitung

Etwas Bratöl in die Pfanne gießen. Zwiebel, Paprika und Zucchini direkt in kleinen Scheiben oder Stücken in die Pfanne schneiden.

Den Knoblauch klein schneiden und irgendwo separat deponieren.

Die Pfanne auf den Kocher stellen, das Gemüse mit den Gewürzen bestreuen und 3–4 Minuten anbraten lassen.

In der Zwischenzeit die Brote mit Butter bestreichen und Hart- oder Weichkäse in Scheiben schneiden.

Den Knoblauch untermischen und anschließend den Käse auf das Gemüse legen und 1–2 Minuten erhitzen, bis der Käse schön geschmolzen ist. Den Kocher ausmachen. Mit dem Pfannenwender nach und nach etwas von der Gemüse-Käse-Mischung auf die Butterbrote legen – fertig.

Wasserfassen im Dorfbrunnen
(Frankreich/Flassigny)

# Wasser, Wasser, Wasser ...

Was das Thema Trinken auf Radreisen anbelangt, geht es hier für uns nahezu ausschließlich um die Frage nach Wasser beziehungsweise dessen Verfügbarkeit. Zwar trinken wir in der Früh gerne Kaffee und unterwegs oft Tee aus der Thermoskanne, aber in beiden Fällen braucht es vorrangig Wasser. So auch, wenn wir in Ausnahmefällen ein elektrolytisches oder isotonisches Getränkepulver zücken, um durch extreme Hitze und Schweißverlust nicht ins Taumeln zu geraten. Wenn wir bei 30° C durch Gegenden oder Ortschaften reisen, in denen Supermärkte oder kleine Straßenläden gekühlte Erfrischungsgetränke anbieten, greifen wir natürlich zwischendurch auch dankbar zu – von der einfachen Saftschorle über alkoholfreies Bier oder Radler bis hin zu Laban, Ayran oder Lassi – je nach Kulturraum.

Aber bleiben wir beim Wasser, von dem wir ja unterwegs nicht nur zum Trinken, sondern auch zum Kochen (Nudeln, Reis etc.) und Waschen (Körper, Geschirr) jede Menge brauchen. Tag für Tag stellt sich bei vielen Radreisen also die essenzielle Frage: „Woher bekommen wir ausreichend Wasser?"

*Wassertanken in Norwegen*

Am einfachsten ist es natürlich in Ländern, in denen kristallklares Wasser aus Bächen und Dorfbrunnen direkt in die Trinkflaschen und Wassersäcke sprudelt. Im Alpenraum sind wir in dieser Hinsicht gesegnet. Aber auch in exotischen Ländern ist die Wasserversorgung oft einfacher als erwartet. Als wir zwei Wochen durch den Oman geradelt sind, staunten wir ordentlich: Nicht nur dass es vor beinahe jeder kleinen Dorfmoschee öffentlich zugängliches Wasser gab, auch entlang größerer Straßen standen alle paar Kilometer riesige Wasserbehälter, die täglich von blauen Tank-Lkws mit Trinkwasser befüllt wurden.

*Wasserparadies Oman:*
*Wasser-Tankstation für Lkws – Wasser-Tankwagen-Fahrer – Trinkwasserstation neben der Straße*

In Ländern mit ausgezeichneter Wasserversorgung – also mit Trinkwasser in den Leitungen – hat man es im Normalfall recht einfach. Oft findet man Waschbecken und damit Wasserhähne in öffentlichen Toilettenanlagen in Einkaufszentren. In Norwegen befindet sich im Eingangsbereich der meisten größeren Supermärkte die Flaschenrückgabe, neben der oft ein Waschbecken zum Reinigen der Hände montiert ist – für uns war das immer wieder eine willkommene Gelegenheit, nach dem Lebensmitteleinkauf auch gleich unsere Wassersäcke zu füllen (s. Kapitel *Wassersäcke)*.

Als wir durch Deutschland, die Niederlande, Belgien und Frankreich geradelt sind, haben wir häufig bei Friedhöfen Wasser getankt. Teilweise fuhren wir damals stundenlang durch Ortschaften und Gegenden ohne Einkaufs- oder Einkehrmöglichkeit. Kirchen und Friedhöfe gibt es hingegen oft in den kleinsten Dörfern – und dort meistens auch Wasser aus der Leitung. Wenn man so gar nicht fündig wird, klingelt man einfach bei Häusern oder Bauernhöfen und bittet höflich um etwas Wasser – die Wahrscheinlichkeit einer Abfuhr ist erfahrungsgemäß relativ gering und häufig ergeben sich dadurch sogar nette Begegnungen und Gespräche.

Wenn man durch Länder reist, in denen die Wasserversorgung problematisch ist, können ein Wasserfilter oder chemische Pulver die einzige Lösung sein, um an genügend Trinkwasser zu gelangen (s. Kapitel *Wasserfilter*). Wir haben unseren Wasserfilter grundsätzlich immer dabei, wenn wir mit Fahrrad und Zelt reisen, da wir so notfalls überall zu Trinkwasser kommen, wo sich Bäche, Flüsse oder stehende Gewässer befinden. Auch in Ländern mit guter Wasserversorgung kann es durchaus vorkommen, dass die Wassersäcke und Trinkflaschen leer sind, da man ursprünglich geplant hat, noch in die nächste Ortschaft zu fahren, man aber auf einmal den absoluten Traumzeltplatz neben einem Fluss entdeckt oder man aus mentalen oder

*Wasserfiltern in Schweden*

energetischen Gründen ganz einfach keine Lust mehr hat, weiterzuradeln. In diesen Fällen garantiert ein Wasserfilter selbst bei Reisen durch Europa mehr Flexibilität bei der Zeltplatzsuche sowie in unerwarteten Notsituationen.

Unterwegs achten wir immer sehr genau darauf, rechtzeitig unsere Wasservorräte zu organisieren, um bei der Zeltplatzsuche keinen Stress hinsichtlich der Wasserverfügbarkeit aufkommen zu lassen. Je nach Region kann das ein bis zwei, aber auch vier bis fünf Stunden vor dem geplanten Etappenende der Fall sein. In exotischen trockenen Ländern kann es ebenso vorkommen, dass wir für zwei bis drei Tage Wasservorräte mitführen und den Verbrauch beim Waschen und Kochen entsprechend auf ein Minimum reduzieren, sollten wir unterwegs tatsächlich an keiner Wasserstelle vorbeikommen.

Erfahrungsgemäß bekommt man in jeder Gegend sehr schnell ein gutes Gespür dafür, wann und wie man sich um die Wasserversorgung am besten zu kümmern hat. Grundsätzlich ist unsere Einstellung: Lieber die vollen Wassersäcke ein paar Stunden umsonst mitschleppen, als abends auf dem Trockenen zu sitzen.

Unsere Lieblingsanekdote in diesem Zusammenhang handelt von unserer Fahrt vom norwegischen Flåm über den legendären Rallarvegen Richtung Haugastøl beziehungsweise von dessen Schlüsselstelle berghoch Richtung Myrdal.

Nach ersten Recherchen deutschsprachiger Reiseberichte sprachen wir bald nur noch höchst andächtig und ehrfurchtsvoll über diesen Strecken- oder auch Schreckensabschnitt, den wahrscheinlich mehr als 99% aller Radfahrer in die entgegengesetzte Richtung, nämlich bergab, angehen. Für die Richtung aus Flåm kommend reichen die Beschreibungen von „definitiv unfahrbar" bis zu „nahezu unschiebbar" – der Begriff Rallarvegen wurde für uns schon im Vorfeld mehr und mehr zum absoluten Mythos. Wenn bei einer

Trainingsfahrt einer von uns beim letzten Anstieg schwächelte, mahnte ihn der andere mit einem kurzen Zuruf: „Rallarvegen!" Und auch bei jedem Gepäckstück, das es nur auf die Evidenzliste schaffte (s. Kapitel *Rund ums Packen*), äußerte einer von uns sofort den leicht vorwurfsvollen Beisatz: „Ich sag nur Rallarvegen …"

Als wir dann eines Tages am frühen Nachmittag auf der Seehöhe 0 m den Aurlandsfjord verließen, nachdem wir uns in der Flåm Bakery mit einem Brownie Mut angegessen hatten, war uns völlig klar, dass wir an diesem Tag maximal noch die etwa 500 Höhenmeter im Flåmsdalen berghoch kurbeln und uns dann irgendwo einen Zeltplatz suchen werden, um am nächsten Tag gut erholt die Serpentinen nach Myrdal Richtung Vatnahalsen in Angriff zu nehmen. So kam es, dass wir bei einem gut zugänglichen Wasserfall – auf den ersten Kilometern im Flåmsdalen eher die Seltenheit – unsere beiden Wassersäcke prall füllten, was dann für Peters Fahrrad etwa ein Mehrgewicht von 8 kg bedeutete. Ab sofort hielten wir konzentriert Ausschau nach einem geeigneten

*Rallarvegen – höchster Punkt 1.343 m (Norwegen)*

*Rallarvegen – Serpentinen berghoch Richtung Myrdal (Norwegen)*

Zeltplatz, doch in dem engen Tal, das großteils von mächtigen Felswänden flankiert wird, wollte sich einfach keine Stelle finden lassen.

Und plötzlich war sie da: die Wand berghoch nach Myrdal. Unsere Blicke richteten sich wie gebannt auf diese Passage. Es war wahrscheinlich eine Mischung aus Neugierde, Adrenalin und aufgeputschter Motivation, die uns gedanklich völlig entrückte und kurzerhand entscheiden ließ, doch noch heute die Prüfung aller Prüfungen anzugehen. Schon auf den ersten Metern offenbarte sich eine positive Überraschung: Statt des erwarteten groben Schotters gruben sich unsere Reifen auf einem relativ festen, sandigen Belag tief in den Boden – die Traktion war dank des Gewichts unserer Räder in jedem Fall gesichert. Nach den ersten Steilrampen, auf denen wir alle Kräfte mobilisierten, kam dann die zweite Überraschung: Zwischendurch gab es zumindest ein paar Meter, auf denen wir mit vergleichsweise wenig Druck auf den Pedalen nahezu entspannen konnten. Serpentine für Serpentine schraubten wir uns den Berg hoch und befanden uns bald in einem eupho-rischen Rauschzustand. Immer wieder wechselten Rampen und Steilkurven, die für uns mit Ach und Krach fahrbar waren, mit kurzen, weniger steilen Passagen – und irgendwann waren wir plötzlich oben und blickten zurück ins Tiefland sowie auf das wilde Zickzack der schmalen Piste. Die Schlüsselstelle des Rallarvegens lag hinter uns – ohne Frage eine Quälerei, aber eine, die Spaß machte, da sie sich völlig unvermutet als fahrbar erwies. Irgendwann meinte Hana: „Gut, dass wir unten die Wassersäcke gefüllt haben."

Erst jetzt wurde uns der eigentliche Irrsinn bewusst: Da tüftelt man zu Hause Gramm für Gramm bei der Ausrüstung herum und bei der wahrscheinlich schwierigsten Bergfahrt unserer knapp dreimonatigen Reise schleppten wir mehr oder weniger unbewusst und völlig unnötig ein sattes Mehrgewicht von 8 kg den Berg hinauf. Denn eines war uns schon im Vorfeld klar: Nach den Myrdal-Serpentinen öffnet sich eine weite, plateauähnliche Bergwelt, die von gut zugänglichen Gebirgsbächen aller Größen gesäumt wird. Völlig sinnlos also, Wasser dort hinaufzutransportieren. Und die Moral von der Geschicht': Wenn man nach Myrdal freiwillig volle Wassersäcke hinaufschleppt, muss man nirgendwo auf der Welt zögern, wenn es um die Frage geht: Könnte diese Wasserstelle eventuell die letzte für heute sein?

Insofern nochmals unser Aufruf: Lieber die vollen Wassersäcke ein paar Stunden umsonst mitschleppen, als abends auf dem Trockenen zu sitzen.

*Trappstegsforsen (Schweden)*

*Der perfekte Zeltplatz*
*(Norwegen/Andøya-Nordmela)*

# Übernachten im Zelt

# Der perfekte Zeltplatz

Dem Thema Schlafplatz haben wir uns bereits im Kapitel *Wo werden wir übernachten?* gewidmet. Jetzt möchten wir noch etwas näher auf jene Faktoren eingehen, die aus unserer Sicht den perfekten Platz beim wild Zelten ausmachen.

In vielen Fällen muss man nicht lange überlegen, etwa wenn die Umgebung keine große Auswahl an Optionen bietet oder man einfach keine Lust mehr hat, weiterzusuchen. Wenn wir aber in einer Gegend sind, in der wir quasi die freie Wahl haben, dann sind wir meistens auch dazu bereit, ein bis zwei Stunden die Augen offen zu halten, um das absolute Optimum herauszuholen.

## Sicherheit

An oberster Stelle steht ganz klar die Sicherheit. Egal ob es der optimale Zeltplatz ist oder nicht – wir fragen uns immer, ob prinzipiell eine Gefährdung durch Steinschlag, Überflutungen oder Muren bestehen könnte. Ausgetrocknete Flussbetten können sich in vielen Regionen über Nacht zu reißenden Strömen verwandeln. Und der idyllischste Strandplatz nützt nichts, wenn er einem nur bei Ebbe ins Auge sticht. An steilen Hängen oder gar Felswänden sollte man sich immer die Frage stellen, ob, von wo und vor allem wohin Steine herabfallen könnten.

Natürlich kann eine Gefährdung auch von wilden Tieren oder bösen Menschen ausgehen – dazu sollte man sich aber bereits ohnehin im Vorfeld bei der Reiseplanung Gedanken gemacht haben (s. Kapitel *Checkliste: Fragen im Vorfeld*).

## Boden/Untergrund

Das zweitwichtigste Kriterium bei der Zeltplatzwahl ist in den meisten Fällen der Boden beziehungsweise der Untergrund. Trockenheit sollte auf jeden Fall zumindest annähernd gegeben sein. In Skandinavien erspähten wir aus der Ferne des Öfteren potenzielle Traumzeltplätze, die sich bei näherer Betrachtung leider als sumpfige Feuchtgebiete entpuppten. Auch wenn der Unterboden des Zeltes 100% wasserdicht ist, auf einer tieffeuchten, matschigen Wiese macht – uns zumindest – das Zelten keine Freude. Aber auch ein Wurzelteppich mitten im Wald bringt wahrscheinlich nur mit extradicken Isomatten einen erholsamen Schlaf. Wir achten immer sehr genau darauf, dass auf der Liegefläche möglichst keine Wurzeln oder Steine aus dem Boden ragen, und entfernen vor dem Zeltaufbau loses Astwerk oder Gestein.

Außerdem sollte der Boden eben beziehungsweise gerade sein. Denn auch wenn die Liegefläche nur leicht schräg geneigt ist, kann das in der Nacht durchaus unangenehm werden, wenn man nicht schlafen kann, weil man permanent das Gefühl hat, bergab zu rutschen oder seitlich wegzurollen.

## Windrichtung/Windschutz

Wenn es sehr stürmisch ist, versuchen wir in einer windgeschützten Mulde oder hinter einer Böschung einen Zeltplatz zu finden. Das ist jedoch nicht immer möglich. Wenn wir unser Zelt relativ windexponiert positionieren müssen, achten wir zumindest darauf, dass sich der Haupteingangsbereich auf der windabgewandten Seite befindet, in der Hoffnung, dass der Wind nicht dreht – ein Blick auf die Wetterprognose schadet dabei nicht.

## Uneinsichtigkeit

Je nach Region, in der wir gerade unterwegs sind, ist uns die Uneinsichtigkeit des Zeltplatzes ein großes Anliegen oder auch egal. Wenn wir unentdeckt bleiben möchten, achten wir schon beim Verlassen der Straße darauf, dass kein Auto in der Nähe ist, und treten dann meistens besonders kräftig in die Pedale beziehungsweise schieben unsere Räder möglichst flott den Weg hinauf, bis wir von der Straße aus gesehen außer Sichtweite sind. Natürlich ist das noch lange keine Garantie, dass nicht doch jemand im Laufe des Abends an uns vorbeistiefelt. Hier hatten wir schon die absurdesten und im Nachhinein natürlich witzigsten Begegnungen. So zum Beispiel in einer verlassenen Gegend am Rande der Sextner Dolomiten.

Am frühen Abend zweigten wir von einer schmalen Bergstraße in den Wald ab, da wir etwa 100 Meter über uns eine größere Lichtung entdeckten. Autos oder Motorräder hatten wir die letzten zehn Minuten keine gesehen oder gehört, Spaziergänger ebenfalls nicht. Die Lichtung erwies sich als absolut perfekt: ein kleines Zwischenplateau auf dem leicht ansteigenden Berghang, rings um uns

*Besagte Lichtung am Rande der Sextner Dolomiten am nächsten Morgen (Italien)*

nur Wald, keine Wanderwege und die Straße unter uns außer Sichtweite. Im Licht der untergehenden Sonne leuchteten die Felswände der Brentoni-Gruppe zu uns herüber. Wir positionierten unser Zelt und machten es uns gemütlich. Plötzlich hörten wir ein Auto auf etwa unserer Höhe anhalten und eine Tür ins Schloss fallen. Kurz darauf klopfte eine Axt in unregelmäßigen Abständen dumpf an Baumstämme oder Äste. Das Geräusch kam immer näher. Wir saßen lautlos und wie angewurzelt vor unserem Zelt und hielten den Atem an. Wir sahen, wie sich die Äste der Bäume am Rande der Lichtung bewegten. Und dann stand er vor uns – der Mann mit der Axt, spazierte an uns vorbei, als wären wir nichts Besonderes. Sein freundlich aufgewecktes „Salve!" erwiderten wir ebenso stimmkräftig und heiter. Offenbar stand uns die Anspannung und Erleichterung ins Gesicht geschrieben – das entnahmen wir zumindest seinem verschmitzten Lächeln. Zuvor hätten wir einiges verwettet, dass wir an diesem Abend keiner Menschenseele mehr begegnen würden.

Eine sehr ähnliche Situation hatten wir auch in den belgischen Ardennen, als wir von einer einsamen Landstraße in eine noch einsamere Schotterpiste abzweigten und uns nach etwa 200 Metern am Waldesrand oberhalb einer grasbewachsenen Böschung niederließen.

Die Abendstimmung war fantastisch ruhig und entspannt, als wir auf einmal ein sich auf der Schotterpiste näherndes Auto und bald darauf das immer lauter werdende Motorengeräusch eines Rasenmähers hörten. Wir dachten uns noch: „Das kann jetzt aber nicht wahr sein!", hockten uns möglichst geduckt auf den Boden und rechneten jeden Augenblick damit, dass der Mann mit seinem Rasenmäher die Böschung heraufkommt und wir völlig überraschend Augenkontakt haben. Nach ein paar Minuten völliger Anspannung verstummte der Rasenmäher und wir hörten ein lautes „Allô!?", gefolgt von einem zweiten, noch etwas lauteren „Allô?!". Wir fühlten uns ertappt und waren kurz davor, aufzustehen und auch „Allô!" zu rufen. Doch dann redete der Unbekannte plötzlich mit kräftiger Stimme vor sich hin und uns wurde klar, dass er offenbar einen Anruf bekommen hatte und nur telefonierte. Als die Gefahr, die vielleicht gar keine Gefahr, sondern eine nette Begegnung gewesen wäre, gebannt war, brauchten wir einige Zeit, um unser Gelächter wieder in den Griff zu bekommen. Zu komisch war die Vorstellung, wie wir aufstehen, beschämt „Allô!" rufen und dem Mann vor Schreck sein Mobiltelefon aus der Hand fällt.

## Exposition

Haben wir die Wahl, entscheiden wir uns bei der Zeltplatzsuche immer hinsichtlich der Exposition, also der Lage des Hanges bezogen auf die Himmelsrichtung. Wenn wir romantisch die Abendsonne genießen möchten, suchen wir uns einen Platz mit freiem Blick Richtung Westen. Wenn uns ein trockenes Zelt am Morgen wichtig ist, suchen wir uns einen Platz, an dem wir Chancen auf Morgensonne haben, also mit freiem Blick Richtung Osten.

## Fließwasser

Ein Jackpot ist es natürlich, wenn man direkt neben dem Zeltplatz zu sauberem Wasser kommt – sei es durch eine vorhandene Wasserleitung bei Naturrastplätzen, aus einem sprudelnden Gebirgsbach oder einem klaren See, in dem man sich waschen kann. Auch beim Geschirrspülen ist es besonders angenehm, wenn man einmal weniger sparsam mit dem Inhalt aus dem Wassersack umgehen kann.

## Bäume

Wenn unmittelbar neben dem Zeltplatz ein paar Bäume stehen, erhöht das die Chancen, die Wäscheleine bequem spannen oder ein Moskitonetz zum Schutz während der Outdoor-Dusche aufhängen zu können.

*Sonnenuntergang in den Vogesen (Frankreich)*

*Hadschar-Gebirge (Oman)*

## Brennholz

Wenn wir in einer Gegend unterwegs sind, in der Lagerfeuer kein Problem sind, halten wir bei der Suche nach dem perfekten Zeltplatz auch nach trockenem Brennholz Ausschau.

## Wo aufs Klo?

Eine relativ banale, aber nicht unwichtige Frage dreht sich um die Möglichkeit, irgendwo in der Nähe sinnvoll seine Geschäfte verrichten zu können (s. Kapitel *Ein stilles Örtchen*). In einsamen Gegenden mitten in der Natur ist das selten ein großes Problem – notfalls marschiert man etwas länger. Bei Naturrastplätzen in Norwegen und Schweden sowie auch bei Shelter-Plätzen in Dänemark fanden wir oft überraschend saubere Trockentoiletten vor.

# Zeltaufbau Schritt für Schritt

Wenn wir dann einen passenden Zeltplatz gefunden haben und es an der Zeit ist, unsere Unterkunft zu errichten, sehen die weiteren Schritte in etwa so aus:

*1. Geeignete Fläche auswählen. 2. Untergrund von größeren Steinen und Ästen befreien.*

*3. Zelt-Unterlagsmatte (Groundfloor) ausbreiten und an allen Eckpunkten mit Heringen befestigen.*

*4. Zeltstangen zusammenstecken und ins Zelt einfädeln – zuerst die zwei Längs- ...*

*5. … und dann die eine Querstange.*

*6. Das Zelt auf die Unterlagsmatte stellen und an den bereits im Boden steckenden Heringen befestigen.*

*7. Zusätzliche Heringe in den Boden stecken und alle Seiten (inkl. Apsiden) ordentlich abspannen.*

*8. Bei Bedarf: Apsiden aufrollen.*     *9. Fast fertig …*     *10. … fertig!*

# Die Zelt-Innenausstattung – featuring Hana B.

Nachdem der Zelt-Innenraum zu hundert Prozent in Hanas Verantwortungs-bereich fällt, sind weitere Ausführungen in diesem Abschnitt ausnahmsweise in der Ich-Form verfasst:

Vielleicht bin ich da etwas zu penibel, aber im Innenraum des Zeltes herrscht ein recht strenges Regiment, was Sauberkeit und Ordnung anbelangt. Einlass wird nur in trockener und sauberer Kleidung gewährt. Und dass die Schuhe draußen bleiben, versteht sich von selbst. Der Grund? Nun, irgendwie stellt der Innenraum des Zeltes einen Bereich dar, in dem einfach alles gut ist. Egal wie unwirtlich es vielleicht tagsüber war, wie kalt, regnerisch oder matschig, sobald wir im Zelt sind, ist es trocken, warm, sauber und damit gemütlich. Wir können uns ins „Bett" kuscheln und uns ausruhen. So schön das Radreisen ist, es zehrt ordentlich an den Kräften und eine gute Regeneration ist wesentlich,

*Ob Zelt oder dänisches Shelter – Hana kümmert sich bei uns um die Innenausstattung.*

damit man am nächsten Morgen wieder motiviert aufs Rad steigen und die Reise weiterhin genießen kann. Ob es mein Innenarchitekturstudium, mein Geschlecht oder meine Gene sind – ein optisch und haptisch ansprechendes Raumklima ist mir einfach wichtig. Bilder und Vorhänge hänge ich keine auf. Aber das Kissen ist aufgeschüttelt, der Schlafsack aufgeschlagen sowie die Utensilien (Stirnlampe, Tagebuch, Radcomputer, Karte, Handy etc.) in den Fächern verstaut, wenn Peter ins Zelt kommt.

Damit sich kein Dreck ansammelt, wird am Morgen, nach dem Verpacken von Schlafsäcken, Kissen und Isomatten, der Zeltboden sauber gemacht – ein paar Krümel, Steinchen oder Tierchen schaffen es trotz strengster Kontrollen doch immer wieder irgendwie in den Zelt-Innenraum. Wenn unsere Reise länger als zwei Wochen dauert, waschen wir die Überzüge der Kissen und Isomatten sowie die Innenschlafsäcke regelmäßig. Dadurch war es selbst nach zwei Monaten auf Tour immer noch jeden Abend ein wahrer Genuss, sich ins Zelt zu legen.

Mag sein, dass es Tag für Tag etwas viele Handgriffe sind, bis alles so ist, wie ich es gerne habe – aber der Aufwand zahlt sich auf jeden Fall aus.

## Einpacken (morgens)

- Kissen in die Packsäcke stopfen; am besten sind Packsäcke mit einem Ventil – dadurch lässt sich nach dem Verstauen die Luft fast zur Gänze hinauspressen und damit das Kissen auf ein extrem kleines Packmaß komprimieren (s. Kapitel *Rund ums Packen*).
- Die ausgekühlten Schlafsäcke in deren Hüllen stopfen (nicht rollen, geht viel schwerer und ist für die Daunen angeblich nicht so gut).
- Innenschlafsäcke zusammenrollen und in deren Hüllen verstauen.
- Luft aus den Isomatten hinauspressen und zusammenrollen.
- Utensilien aus den Zeltfächern holen – bei der Abfahrt den Radcomputer zu suchen, um dann festzustellen, dass er noch im Zelt und dieses im Packsack und dieser fix und fertig am Fahrrad montiert ist, ist weniger lustig.
- Zeltboden säubern

## Auspacken (abends)

- Zeltboden säubern, sollte etwas beim morgendlichen Putz überlebt haben.
- Isomatten aufblasen – mithilfe des Blasesacks (s. Kapitel *Welche Isomatten?*) zum Glück nur eine Frage der Zeit und keine des Lungenvolumens; die Überzüge lassen wir immer auf den Matten.
- Schlafsäcke aus deren Hüllen und Kissen aus den Packsäcken holen.
- Innenschlafsäcke bereitlegen.
- Utensilien verstauen (Stirnlampe, Tagebuch, Radcomputer, Karte, Handy etc.).

*Körperpflege nördlich des nördlichen Polarkreises
(Norwegen/Austvågøya)*

NOT HOT 🙁

UNTERWEGS: HYGIENE

# Wieder sauber ...

Oft werden wir von Freunden und Bekannten gefragt, wie wir uns während unserer Reisen waschen und pflegen und wie wir das mit dem Klogang machen. Selbstverständlich möchten wir diesem essenziellen Thema auch ein eigenes Kapitel widmen.

# Duschen

Nachdem wir selbst bei längeren Radreisen nicht allzu viel Kleidung mitschleppen (s. Kapitel *Kleidung)*, ist es uns extrem wichtig, dass wir unser Zeltgewand so lange wie möglich sauber, trocken und wohlduftend halten. Insofern haben wir es uns angewöhnt, vor dem Wechsel vom Rad ins Zeltgewand immer zumindest eine Katzenwäsche zu absolvieren, um Schweiß und Staub der jeweiligen Tagesetappe abzuspülen. Auch für den Komfort im Zeltinnenraum (Schlafsack, Kopfkissen etc.) ist es aus unserer Sicht essenziell, dass man sich nicht verschwitzt und schmutzig ins Zelt legt.

Auf unserer gut 80-tägigen Radreise von Norwegen über die Alpen nach Hause waren wir an einem einzigen Abend zu bequem oder auch zu müde, uns vor dem Schlafengehen zu waschen. Es war die mit Abstand unangenehmste Nacht unserer ganzen Reise. Obwohl wir tagsüber nicht wirklich geschwitzt hatten, fühlte sich nachts der ganze Körper unangenehm klebrig an, was uns schlussendlich beide um einen erholsamen Schlaf brachte.

Vor allem nach kalt-feuchten Fahrten ist es wie Balsam für Körper und Seele, frisch gewaschen in ein trockenes, wärmendes Gewand zu schlüpfen. Auch wenn die Naturdusche oft ein paar Minuten absolute Überwindung bedeutet – das Wissen um Wärme und Wohlbefinden im Anschluss lässt uns selbst bei einstelligen Außentemperaturen und eisigem Wind nackt ausziehen, um entweder im erfrischenden Gebirgsbach beziehungsweise -see oder unter dem Duschaufsatz unseres Wassersacks 1–2 Minuten zähneklappernd zu scheppern. Nach minimalem Befeuchten sind Achseln, Unterleib und Füße schnell mit der biologischen Flüssigseife sauber geschrubbt – danach gilt es nur noch, den ganzen Seifenschaum so schnell wie möglich wieder mit etwas Wasser abzuspülen. Sobald man sich mit dem kleinen Handtuch trocken getupft hat, ist das Schlimmste geschafft. Ein paar Sekunden später steht man schon in Softshell-Hose, Merino-Shirt und Fleece-Weste da und freut sich wie ein kleines Kind, dass man es geschafft hat und die Wärme langsam ihren Weg zurück in den ganzen Körper findet, bevor der gemütliche Teil des Abends beginnt.

Das Ganze klingt jetzt schlimmer, als es tatsächlich ist. In vielen Gegenden sind Kälte und Wind überhaupt kein Thema und man hat alle Zeit der Welt, sich genüsslich zu waschen. Und selbst in Skandinavien hatten wir uns nach ein paar Tagen an das eisige Wasser gewöhnt und freuten uns jedes Mal, wenn wir einen idyllischen Zeltplatz unmittelbar neben einem schönen klaren, wenn auch klirrend kalten See oder Gebirgsbach gefunden hatten.

*Zeltplatz mit privatem Seezugang
(Schweden/Kultsjön)*

Zu zweit hat man es natürlich eine Spur leichter, da einem der andere sowohl den Wassersack in der perfekten Höhe halten als auch Seife, Handtuch und trockene Kleidung schnell reichen kann – bei widrigen Bedingungen sind das durchaus wertvolle Sekunden.

Selbst wenn es nicht ungemütlich kalt ist, haben wir es uns zur Gewohnheit gemacht, nacheinander zu duschen, nachdem wir einmal eine ungewollt pikante Duschsituation erlebt hatten:

Es war der zweite Abend unserer Oman-Radreise. Wir hatten am Rande der Wüste einen traumhaften, von der asphaltierten Straße etwa zehn Minuten entfernten, aus unserer Sicht absolut entlegenen Zeltplatz entdeckt. Es war schon stockdunkel, als wir unsere Kleidung ablegten, uns mit etwas Wasser aus unseren Trinkflaschen übergossen (damals hatten wir noch keine Wassersäcke) und uns genüsslich einseiften. Plötzlich hörten wir Motorengeräusche und erblickten kurz darauf die Scheinwerferlichter eines Geländewagens, der hinter einer Düne um die Ecke bog und auf uns zufuhr. Wir erstarrten vor Schreck, da wir definitiv keine Zeit hatten, unsere Kleidung anzulegen. Da standen wir, splitternackt, wie Gott uns schuf, in einem islamischen Land – keine Ahnung, wie die Insassen des Autos darauf reagieren würden. Also duckten wir uns, als der Geländewagen auf unserer Höhe war, tippelten in der Karl-Schranz-Hocke um unser kleines Zelt herum, das uns schützende Deckung spendierte, und lispelten ein Stoßgebet zu Gott und zu Allah, dass keiner aussteigen und interessiert nachschauen käme, wer da mit Fahrrad und Zelt am Rande der Wüste sein Nachtlager aufgeschlagen hatte. Die peinliche Situation blieb uns zum Glück erspart – das Auto hielt nicht an. Wir schworen uns damals aber an Ort und Stelle, künftig immer nacheinander die Outdoor-Waschung zu erledigen, sodass im Notfall zumindest einer von uns die Situation retten kann, sollte es wieder einmal der Zufall so wollen, dass just in dem Moment, in dem man gerne allein wäre, unerwarteter Besuch auftaucht. Das Brenzlige an dieser Geschichte ist, dass wir die Tage danach immer wieder an noch so vermeintlich einsamen Orten unser Zelt aufgeschlagen hatten und plötzlich von Passanten überrascht wurden, die allesamt auf uns interessiert und neugierig zukamen, um ein wenig Konversation zu pflegen. Nur waren wir dann immer beide angezogen und an etwas Kommunikation genauso interessiert wie unser Gegenüber.

Wenn wir einmal am Zeltplatz nicht alleine sind, nützen wir den Zusatzraum unserer Zelt-Erweiterung (Outer Space) quasi als Duschvorhang. In der Hocke oder zumindest in geduckter Haltung kann man sich dann selbst auf engstem Raum – quasi „indoor" – überraschend gut säubern, sollte man einmal etwas Sichtschutz benötigen.

# Geschirrwaschen

Unsere benötigten Utensilien für das Geschirrwaschen sind: Wasser, Spülmittel (Bio-Seife) und Schwämmchen (s. Kapitel *Ausrüstung/Hygiene)*, wobei Letzteres nur zum Einsatz kommt, wenn Essensreste wirklich hartnäckig verkrustet oder eingetrocknet sind, was bei uns dank des beschichteten Kochgeschirrs selten der Fall ist. Ansonsten funktioniert der Abwasch auch einfach und schnell mit den bloßen Händen. Einerseits schonen wir dadurch das kleine Schwämmchen für wirkliche Härteeinsätze, andererseits müssen wir es nicht immer nass und feucht in eine Tasche packen, in der es vielleicht an heißen Tagen schnell zum Wirten für diverse Mikroorganismen wird.

Wenn wir an einem See, Bach oder Fluss rasten oder zelten, freuen wir uns über Wasser im Überfluss, da der Abwasch so um einiges einfacher und schneller geht, als wenn man jeden Tropfen aus dem Wassersack sparsam einsetzen muss.

Obwohl geschmacklich durch nichts zu ersetzen, verzichten wir auf Butter als Bratfett, da das Abwaschen einer Butterpfanne ohne warmes Wasser eine echte Herausforderung ist.

Was sich bei uns immer bewährt, ist die „Brot-Vorwasch-Methode": Nach den letzten Bissen einer Mahlzeit säubern wir Topf und Pfanne, die uns nach dem Kochen gleich als Teller dienen, akribisch mit Brot. Vor allem Weißbrot oder Baguette eignen sich für diese Vorwäsche hervorragend und schmecken in Öl und Gewürze getränkt besonders gut. Neben dem Vorzug einer zusätzlichen Kohlenhydratportion erleichtert diese Methode der Vorwäsche den späteren Abwasch enorm. Essensreste sind keine mehr zu sehen und das Fett ist quasi zur Gänze aufgesaugt – für den finalen Abwasch reicht dann meistens ein wenig Wasser ohne Spülmittel. Wenn wir mittags irgendwo rasten, wo wir nicht genügend Wasser zur Verfügung haben, packen wir das Geschirr nach der Brot-Vorwäsche in unsere Tasche und waschen es erst abends in aller Ruhe etwas gründlicher.

Bei längeren Reisen kommen wir im Normalfall zumindest alle paar Tage/ Wochen irgendwo vorbei, wo wir fließendes, warmes Wasser vorfinden, um unser Geschirr „ordentlich" zu spülen und damit unserem Hygienebedürfnis auch auf längere Sicht hundertprozentig gerecht zu werden.

Wenn wir beim wild Zelten kein fließendes Wasser in beliebiger Menge zur Verfügung haben, ist jeder Tropfen aus unseren Wassersäcken kostbar. Also säubern wir unser Geschirr brav mit der Brot-Vorwäsche, bevor ein Wassersack entweder an einem geeigneten Ast oder am Fahrrad kopfüber befestigt wird. Unter den „Wasserhahn" stellen wir dann einen Topf oder eine Schüssel, um jeden Tropfen mehrfach zu nutzen. Als Erstes waschen wir das Besteck – das dabei aufgefangene Wasser dient bei der nächsten Schüssel

*Besteck beim Lufttrocknen*

für den ersten Waschgang. Ist diese Schüssel sauber, wird das Wasser in das nächste zu reinigende Gefäß (Tasse, Schüssel, Topf) gefüllt und so weiter. Zum Schluss wird noch einmal mit frischem Wasser nachgespült. Dabei positionieren wir das Geschirr so, dass immer gleich mehrere Teile vom sauberen Wasser profitieren.

Fehlt noch das Abtrocknen. Auf ein eigenes Geschirrtuch verzichten wir, obwohl wir immer darauf achten, unsere Sachen trocken in die Taschen zu packen. Also zücken wir entweder ein kleines Papiertüchlein oder wir lassen das Geschirr an der frischen Luft trocknen.

Ob Servietten, Papierhandtücher oder Küchenrolle – beim Zelten kann man nie genug Papiertücher oder -blätter eingesteckt haben. Bei uns sammelt und verwaltet Hana diese kostbaren Helferlein stets griffbereit in ihrer Lenkertasche. Einsatzgebiete gibt es dann genug – zum Beispiel:

- Die Finger sind beim Kochen voller Teig oder Öl – in die Wiese wischen bringt mäßigen Erfolg, in die Hose schmieren ist keine Option, ein Wasserhahn ist nicht vorhanden …
  *das Papiertüchlein ist die einzige Rettung.*
- Beim Zähneputzen hat sich die Zahnpasta auf Kinn, Finger oder Zahnbürste verteilt …
  *ein Wisch mit dem Papiertüchlein und alles ist weg.*
- Der Abwasch ist erledigt und es regnet, d. h. ein Lufttrocknen des Geschirrs ist unmöglich …
  *das Papiertüchlein hilft, alles schnell und trocken in die Taschen zu packen.*

# Wäschewaschen

Je nach Reservekleidung, Hygieneempfinden und Geruchsempfindlichkeit wird früher oder später das Thema Wäschewaschen akut. Gibt es irgendwo unterwegs die Möglichkeit, eine Waschmaschine zu nutzen – z. B. Campingplatz, *Warm Showers*, Waschsalon –, ist alles geritzt. Beim ausschließlich wild Zelten wird die Sache schon etwas aufwendiger. Das schnelle Auswaschen von Unterwäsche und Socken unterwegs ist halb so wild: mit etwas Wasser und Bio-Seife schrubben, danach auswringen, aufhängen – fertig. Wenn man aber die Trikots oder T-Shirts, Innenschlafsäcke und Handtücher waschen möchte, ist man schnell ein paar Stunden beschäftigt. Selbst wenn man sich für eine Nacht eine Pension oder ein Hotel gönnt und dort keine Waschmaschine verfügbar ist, steht man lange in der „Waschküche", sprich Badezimmer, und schrubbt und wringt, bis die Hände schmerzen. Neben der etwas mühsamen Handarbeit ist es vor allem der fehlende Schleudergang und die damit verbundene Feuchtigkeit der Wäsche, die das Auswringen anstrengend und ein Trocknen über Nacht oft sehr schwierig machen (je nach Klimazone und Wetter). Wir helfen uns dann meistens mit einem Handtuch, in welches wir das gereinigte Wäschestück betten, um das Handtuch danach der Länge nach zu einer dicken Wurst zusammenzurollen. Die beiden Enden der Wurst drehen wir dann so kräftig es möglich ist in die jeweils entgegengesetzte Richtung, was am einfachsten geht, wenn man zu zweit Hand anlegt. Wenn man alleine ist, klemmt man am besten das eine Ende zwischen die Knie und dreht das andere Ende fest in eine beliebige Richtung.

Nach dem Auswringen leistet unsere Wäscheleine aus zusammengedrehten Gummiseilen mit zwei Kunststoffkarabinern gute Dienste – sowohl im Freien zwischen zwei Bäume oder unsere Fahrräder gespannt als auch indoor im Hotelzimmer (s. Kapitel *Ausrüstung/Hygiene*).

*Unsere Wäscheleine im Einsatz*
*(Schweden/Blåsjöns Fjällcamp)*

Um sich eine mühsame Handwäsche-Session zu sparen, empfiehlt es sich, schon vorab nach Waschmaschinen-Optionen Ausschau zu halten, indem man z. B. bei Campingplätzen telefonisch nachfragt oder die Beschreibungstexte potenzieller Unterkünfte studiert. Erfahrungsgemäß bieten Hostels öfters ein Wäscheservice als normale Hotels. Und auch bei Warm-Showers-Anbietern (s. Kapitel *Warm Showers)* hat man oft gute Chancen auf eine Waschmaschine und bequeme Möglichkeiten zum Trocknen seiner Wäsche.

Was uns in Belgien und Frankreich positiv aufgefallen ist, sind „Waschsalons" neben Supermärkten – also eigene Container, in denen Waschmaschinen und Trockner eingebaut sind. Für ein paar Euros kann man dort seine Wäsche waschen und trocknen, während man einkauft und/oder sein Essen kocht.

# Müll

Sobald wir uns irgendwo niederlassen, um zu kochen, legen wir uns einen Müllbeutel zurecht. Dazu dienen uns häufig Verpackungen des letzten Einkaufs. Obwohl wir zu Hause Plastikbeutel an der Obst- und Gemüseabteilung von Supermärkten meiden, greifen wir auf Radreisen gerne zu. Am Zeltplatz hängen wir den Müllsack an den Lenker eines Fahrrads und während der Fahrt klemmen wir ihn zwischen den Packsack am Gepäckträger und dessen Spanngurt oder packen ihn in eine der Außen-Hinterradtaschen. So können wir auch unterwegs Müll einfach verpacken und loswerden, sobald ein Mülleimer in Sicht ist. In fremden Ländern ist es auf den ersten Blick nicht immer einfach, reguläre Müll-

*Öffentlicher Mülleimer im Oman*

eimer ausfindig zu machen – Form, Farbe und Größe variieren extrem. Wir halten dann von Beginn an aufmerksam Ausschau und sind bisher auch immer fündig geworden. Länger als zwei bis drei Tage waren wir bis jetzt noch nie mit einem gut gefüllten Müllbeutel am Fahrrad unterwegs.

# Ein stilles Örtchen

... zu finden, ist nicht immer einfach. Wenn man mitten auf einer baumlosen Hochebene sein Zelt aufschlägt, muss man vielleicht schon einmal einen längeren Fußmarsch in Kauf nehmen, um in aller Ruhe und unbeobachtet sein Geschäft verrichten zu können. In den meisten Fällen verschwindet man einfach im Wald, hinter einem Felsen oder einer Böschung. Oft lässt sich mit dem Fuß eine kleine Kuhle freilegen, in der man sein Häuflein anschließend verscharren kann – in erster Linie aus Rücksicht auf seine Mitmenschen, denn der Kot selbst wird bei einem gesunden Waldboden (gemäßigte Klimazone) nach wenigen Tagen bis Wochen vollständig zersetzt.

Bleibt noch die Frage nach dem Klopapier. Diskussionen über dessen Verrottungsdauer gibt es zahlreiche. Wissen sollte man, dass Klopapier, das von Haus aus zerfallsoptimiert konzipiert wurde, um nicht die Kanalisation zu verstopfen, generell schneller verrottet als Taschentücher, die oft extra feuchtigkeitsbeständige Eigenschaften haben („durchschnupfsicher"). Ob Vergraben oder Verbrennen die bessere Methode ist, hängt neben Vorschriften (Nationalparks) ganz vom Klima und dem jeweiligen Boden ab. Völlig unverständlich sind uns Nachrichten, die von großen Waldbränden berichten, nur weil irgendwer glaubte, sein Klopapier verbrennen zu müssen. Wenn es hinsichtlich Brandgefahr nicht hundertprozentig sicher ist, kämen wir nie auf die Idee, ein Streichholz oder Feuerzeug zu zücken.

Grundsätzlich lösen wir die Lokus- und Klopapier-Frage relativ pragmatisch:

- Wenn eine öffentliche Toilette in der Nähe ist, wie es in Skandinavien auf Naturrastplätzen oft der Fall ist, nutzen wir diese. Die Frage nach der Klopapier-Entsorgung stellt sich dort natürlich nicht.
- Klopapier anzuzünden kommt für uns nur infrage, wenn es hinsichtlich Brandgefahr zu hundert Prozent gefahrlos ist.
- In allen anderen Fällen verbuddeln wir das Klopapier mit etwas Erde oder Steinen und vertrauen voll und ganz auf dessen natürliche Zersetzung.

*Aussicht vom stillen Örtchen*
*(Italien/Cottische Alpen)*

*Norwegen/Senja*

# Ein (un)typischer Radreise-Tag

Einen „typischen" Tagesablauf gibt es bei unseren Radreisen eigentlich nie, da sowohl jede Tour für sich als auch die einzelnen Tagesetappen sehr unterschiedlich und abwechslungsreich verlaufen. Um dennoch ein Gefühl dafür zu vermitteln, wie ein ganzer Tag aussehen kann, wenn man mit Fahrrad, Zelt und Kocher unterwegs ist, haben wir eine x-beliebige Etappe unserer ersten Norwegenwoche 2016 ausgewählt, um sie hier von frühmorgens bis spätabends Revue passieren zu lassen.

# NORWEGEN – Senja/Vesterålen
## Montag, 4. Juli 2016

### AUFSTEHEN – 6:30 UHR

Es ist 6:30 Uhr, als wir in unsere Schlafsäcke gemümmelt auf die Uhr blicken und uns gegenseitig ein etwas verschlafenes „god morgen" wünschen. Durch das Moskitonetz und die dahinter offene Apside unseres Zeltes haben wir einen fantastischen Ausblick auf die einsame Weite der Lavollsfjorden-Bucht. Ein paar Stunden zuvor hatten wir hier erstmals in unserem Leben die strahlende Mitternachtssonne über dem spiegelglatten Horizont des Nordmeers genossen. Entsprechend gut gelaunt und motiviert starten wir in Tag fünf unserer Norwegenreise.

### FRÜHSTÜCK – 7:00 UHR

Während Hana den Zeltinnenraum (Schlafsäcke, Isomatten, Kopfkissen etc.) zusammenpackt, wirft Peter den Kocher an und wärmt einmal den mit zwei Liter Wasser gefüllten Topf. Anschließend kommen drei gehäufte Teelöffel Kaffeepulver in unsere Trinktasse und werden mit etwas Zucker und Milchpulver verrührt. Außerdem wird die Thermosflasche mit einem Beutel Schwarztee zur Seite gestellt. Danach geht es gleich an die Essenszubereitung. Heute gibt es zur Feier des Tages unseren absoluten Frühstücksfavoriten: Kaiserschmarren (s. Kapitel *Rezepte).*

Sobald das Wasser kocht (oder schon kurz davor), löst die Pfanne für den Kaiserschmarren den Topf am Kocher ab. Die Thermoskanne für den Tee wird aufgefüllt und in das restliche heiße Wasser im Kochtopf die Kaffeepulver-Mischung eingerührt. So haben wir immer etwa einen Liter heißen Kaffee für das Frühstück (je nachdem, wie viel Wasser wir beim Einfüllen in die Thermoskanne verschütten) und einen knappen Liter Tee für unterwegs. Die Morgenstimmung ist großartig. Wir sitzen mit heißem Kaffee und einer Pfanne Kaiserschmarren auf der Wiese neben unserem Zelt und genießen in aller Ruhe die wärmenden Sonnenstrahlen, die rund um uns lange Schatten werfen. Ein einsames Fischerboot treibt auf dem tiefblauen Fjord und im Hintergrund ruhen die über 600 Meter hohen Bergkuppen am Rande des benachbarten Bergsfjorden.

*Morgenstimmung am Lavollsfjorden*

### ZUSAMMENPACKEN – 8:00 UHR

Nach dem Frühstück heißt es, Geschirr abwaschen, Zähne putzen und alle Taschen zusammenpacken. Müdigkeitsbedingt sitzen heute nicht alle Handgriffe zu hundert Prozent optimiert. Dafür ist unser Zelt heute zum Glück staubtrocken, sodass wir uns die Wischaktion mit dem Schwammtuch ersparen und gleich zum Zeltabbau übergehen können. Dieser funktioniert immerhin recht flott – in etwa fünf Minuten sind die Abspannleinen gelöst, die drei Zeltstangen ausgefädelt und zusammengelegt, das Zelt ausgeschüttelt und in den Packsack verstaut sowie alle Heringe aus dem Boden gezogen, gesäubert und verpackt. Zum Schluss beuteln wir noch die Zeltunterlagsmatte (Groundfloor) aus, falten und packen sie in einen separaten Plastiksack, da die Unterseite etwas feucht und schmutzig ist. Sobald alle Packtaschen an unseren Fahrrädern montiert sind, notieren wir gedanklich die Abfahrtszeit und dann kann es auch schon losgehen.

*Senjas Küste*

*Teistevika/Senja*

## ABFAHRT – 9:00 UHR

Bei wolkenlosem Himmel verabschieden wir uns von der einsamen Lavolls-fjorden-Bucht und pedalieren auf der Straße Nr. 86 von einem malerischen Küstenort zum anderen. Meist schmiegen sich nur vereinzelt ein paar Häuser an die felsige Küste. Einige stehen auch auf kleinen Felsinseln, zwischen denen hölzerne Hängebrücken gespannt sind. Immer wieder liegen Fischer- und Segelboote in kleinen Buchten, die mal türkis-, mal tiefblau im wärmenden Sonnenlicht zu uns heraufstrahlen. Alle paar Meter „müssen" wir stehen bleiben, um ein neues Motiv zu bestaunen und zu fotografieren.

In Hamn treffen wir ein älteres Ehepaar aus Meißen, mit dem wir bereits gestern ein paar Worte gewechselt hatten. Die beiden haben ein kleines Häuschen gemietet mit einer traumhaften Aussicht über die Bergsøyan-Inselgruppe. Der Blick Richtung Westen geht über dem breiten, offenen Meer bis zum Horizont und so decken sich die schwärmerischen Erzählungen über die gestrige Mitternachtssonne ziemlich mit unseren Eindrücken. Vor dem Verabschieden recherchieren die beiden noch schnell für uns die Zeiten der Fähre von

*Jausnen und Akkus laden auf der Fähre nach Andøya*

Gryllefjord nach Andenes, was dann zu einem kleinen Zeitfahren über 10 km führt, da wir die Chance wittern, noch am Vormittag die Überfahrt nach Andøya zu erwischen. Trotz einer kleinen Zwischensteigung geht es sich locker aus, dass wir ein paar Minuten vor 11:00 Uhr in Gryllefjord am Hafen stehen und noch genügend Zeit haben, im kleinen Lebensmittelladen etwas Reiseproviant zu kaufen – immerhin dauert die Überfahrt knapp zwei Stunden.

Wir dürfen mit unseren Fahrrädern – wie meistens in Norwegen – vor den Autos auf die Fähre, was den riesigen Vorteil hat, dass wir wenig später im Passagierraum ohne Probleme einen schönen Sitzplatz neben einer Steckdose ergattern. Wir laden dankbar all unsere Akkus, sichten die Fotos der ersten Tage am Laptop, arbeiten ein wenig, trinken nebenbei heißen Tee aus unserer Thermoskanne, den wir mit etwas Milchpulver, Kardamompulver und Zucker zu einem leckeren Chai verrühren, und genehmigen uns zwei Stück *Fyrstekake* – unser absoluter Lieblingskuchen in den norwegischen Supermärkten.

Als wir in Andenes anlegen, hat sich das Wetter etwas verschlechtert. Dunkle Wolken und Wind begleiten uns die ersten Kilometer auf Andøya, der nördlichsten Insel der Vesterålen.

## MITTAGESSEN – 14:00 UHR

Im Windschutz eines Steinbruchs kochen wir unser Mittagessen. Hana schneidet Zwiebel, Paprika und Zucchini in die Pfanne, während Peter den Benzinkocher bereitstellt und etwas Wasser in den Kochtopf gießt. Heute gibt es Pasta (s. Kapitel *Rezepte)*. Etwa 15 Minuten später herrscht gefräßige Stille – so nennen wir diesen wortlosen Zustand der gierig-erschöpften Aufnahme hervorragend schmeckender Nahrung, der bei uns oft von Anfang bis Ende eines Essens andauert. Dank der Brot-Vorwäsche müssen wir das Geschirr nur noch mit etwas Wasser nachspülen.

## WEITER GEHT'S – 15:00 UHR

Gut gestärkt geht es entlang des 468 m hohen Røyken weiter Richtung Südwesten. Vor uns liegt eine Landschaft, die sich von den Fjord-zu-Fjord-Fahrten

*Wollgras auf Andøya*

der letzten Tage stark unterscheidet: das *Skogvoll naturreservat* – eine weite, kahle Ebene mit zahlreichen kleinen Seen und wattebauschigem Wollgras, so weit das Auge blickt. Das sumpfige Feuchtgebiet hat vor allem für Zug- und Wasservögel eine wichtige Bedeutung. Aber auch Schafe grasen am Straßenrand, sobald irgendwo ein paar Büsche stehen. Wir kämpfen hier ziemlich gegen den Wind und können die landschaftlichen Reize deshalb nicht wirklich zur Gänze genießen.

### ANKUNFT – 17:30 UHR

In Nordmela bessert sich das Wetter wieder – die Sonne kommt hervor und der Wind lässt nach. Es ist bereits 17:30 Uhr und wir beschließen, ab sofort unsere Augen hinsichtlich eines Zeltplatzes offen zu halten. So lange die Suche gestern gedauert hatte, so schnell werden wir heute fündig, da wir etwas

außerhalb von Nordmela direkt am Rand des weißen Sandstrands einen perfekten Platz entdecken, an dem bereits drei Wohnmobile stehen. Es gibt sogar einen Wasserhahn an der Hauswand eines verlassenen Gebäudes (offenbar ein alter, kleiner Campingplatz?) und eine Tischbank auf einem schönen, ebenen Wiesenstück. Camperherz, was willst du mehr?

## ABENDPROGRAMM

Wir lehnen unsere Fahrräder an die Tischbank, bauen unser Zelt auf (ca. fünf Minuten) und machen uns gleich zum Duschen bereit. Dazu füllen wir unseren Wassersack, schnappen den Packsack mit unserem Zeltgewand und spazieren hinter eine steile Böschung, die uns einen guten Sichtschutz bietet. Frisch gewaschen genießen wir den Abend mit einem herrlichen Strandspaziergang inklusive Steinmännchenbauen, Fotografieren und natürlich Essen.

*Nordmela/Andøya*

Nachdem wir heute bereits morgens und mittags warm gegessen haben, gibt es jetzt „nur" kalte Brote (Mesterbakeren Dansk rugbrød) mit Butter, Käse, Kaviarpaste aus der weiß-rot-blauen Tube (60% Torskerogn) und zum Abschluss ein Marmeladenbrot zusammen mit dem restlichen Tee aus unserer Thermoskanne. Dank der Tischbank sitzen wir gemütlich und können alle Zutaten am Tisch ausbreiten.

Nach dem Abwasch, etwas Arbeit am Laptop und Zähneputzen schlüpfen wir in unser Zelt, schreiben ein paar Zeilen in unser Tagebuch, studieren die Karte beziehungsweise die Strecke für den morgigen Tag, werfen einen Blick auf die Prognose unserer Yr Weather App, überlegen potenzielle Zeltplatz-Optionen für morgen und lauschen noch ein paar Minuten einem Hörbuch.

### GUTE NACHT – 22:00 UHR
Für die Mitternachtssonne sind wir heute zu müde – um 22:00 Uhr fallen uns bereits die Augen unter unseren dunklen Schlafbrillen zu.

*Steinmännchen bauen*
*am Strand von Nordmela/Andøya*

*Auffahrt zur Rocca Calascio*
*(Italien/Abruzzen)*

# Radreisen im Kurzporträt

Um die Theorie der vorangegangenen Kapiteln mit ein paar Beispielen aus der Praxis aufzulockern, stellen wir auf den folgenden Seiten ausgewählte Radreisen im Kurzporträt vor. Dabei möchten wir nicht einem starren Tourenführer-Schema folgen, sondern je nach Reise einige Gedanken aus dem Vorfeld und/oder Impressionen von unterwegs wiedergeben, um zusammen mit den Fotografien einen möglichst bilderreichen Eindruck all dessen zu vermitteln, was die Faszination Radreisen für uns ausmacht.

Nachdem Kilometer und Höhenmeter pro Tag je nach Herangehensweise, Kondition, Kraft, Gepäck, Wetter, Lust und Laune etc. vollkommen individuell sind, macht es definitiv keinen Sinn, eine Gesamtreisedauer oder gar konkrete Tagesetappen für Radreisen vorzugeben. Man kann eine 1.000-Kilometer-Reise mit dem Fahrrad in ein paar Tagen, aber auch in ein paar Wochen unternehmen – die Wegstrecke ist dabei möglicherweise dieselbe. Für unsere Radreise-Kurzporträts stellen wir deshalb neben den wesentlichen Eckdaten jeweils unsere GPS-Tracks zum Download zur Verfügung, um konkrete Ideen für mögliche Routen zu liefern. Bei den etwas

„exotischeren" Reisen (Oman und Taiwan) haben wir zusätzlich zum Gesamt-GPS-Track, dessen Wegpunkte in relativ weitem Abstand gespeichert sind, jeweils die GPS-Tracks unserer Tagesetappen zum Download verlinkt. Die wesentlich detailreicheren Aufzeichnungen helfen vor allem beim raschen Auffinden unscheinbarer Abzweigungen, sobald das Wege- und Straßennetz etwas dichter ist.

Die GPS-Files sollen vorrangig Impulse für mögliche Routen sein und keinesfalls die gesamte Reiseplanung ersetzen. Vor allem in einsamen Gegenden und entlegenen Bergregionen können Straßenzustände schnell wechseln und geplante Wege und Übergänge auch für Radfahrer unpassierbar werden. Für diese Gebiete empfehlen wir auf jeden Fall eine großräumige Orientierung mittels Kartenmaterial, um mögliche Alternativrouten auch unterwegs ausfindig machen zu können. Ansonsten hoffen wir sehr, dass die folgenden Seiten zusätzlich die Lust auf und die Motivation für Reisen mit dem Fahrrad intensivieren beziehungsweise – im wahrsten Sinn des Wortes – ankurbeln.

*Frühmorgens über den Hauptkamm des Hadschar-Gebirges (Oman)*

*Castelluccio (Norcia)*

# Umbrien
## Italiens mystische Mitte

Ende September 2014 waren wir mit Fahrrad und Zelt im Herzen Italiens unterwegs. Es war landschaftlich, kulturell und vor allem kulinarisch gesehen eine fantastische Reise. Bei unserer extrem kontrastreichen Schleife um und durch Umbrien streiften wir auch die italienischen Nachbarregionen Emilia-Romagna, Toskana, Latium, Abruzzo sowie die Marken. Campo Imperatore (Nationalpark Gran Sasso und Monti della Laga) sowie Piano Grande (Nationalpark Monti Sibillini) waren dabei nicht nur wettermäßig die absoluten Highlights.

## Wieso Italien?

Eine Radreise durch Italien klingt auf Anhieb nicht besonders spektakulär, sondern eher abgedroschen und etwas einfallslos. Jeder kennt Italien oder kann sich auf Anhieb etwas darunter vorstellen. Viele denken zuallererst an Pizza, Pasta und endlose Adria-Strände. Andere träumen von romantischen Weinhügeln in der Toskana oder von kulturellen Hochgenüssen in Florenz, Rom oder Venedig. Eines haben diese Assoziationen meist gemeinsam – sie alle kreisen

*Nationalpark Gran Sasso und Monti della Laga*

um die zentralen Tourismusmagneten eines Landes, das bei uns in Österreich nicht selten als komplett erschlossen und allseits bekannt wahrgenommen wird – wesentlich stärker als alle anderen Reiseländer in Europa.

Wieso also ausgerechnet durch Italien radeln? Ein Grund für diese Entscheidung war sicher, dass wir in den letzten Jahren im Zuge einiger Mountainbike- und Triathlonbewerbe immer sehr positive Aufenthalte und Veranstaltungen in Bella Italia hatten – sei es beim XTERRA Abruzzo in Scanno, bei der Rally di Romagna rund um Riolo Terme oder beim XTERRA NordEst in Tarzo/ Revine Lago – alles Gegenden, in die wir ohne diese sportlichen Anlässe wahrscheinlich nie gefahren wären und nach deren Kennenlernen sich unser Wunsch jedes Mal verstärkte, Land und Leuten abseits vom Wettkampffieber zu begegnen und auch länger als nur für ein paar Tage.

# Die Planung

Nach ersten Überlegungen, Recherchen und der Lektüre einiger Artikel und Reiseberichte war uns bald klar: Es zieht uns nach Umbrien, in das Innerste der Apenninenhalbinsel – die einzige Region Italiens ohne Grenze an das Meer oder ein benachbartes Ausland. Unberührte Landschaften und eine kulturell ebenso mystische wie imposante Vergangenheit klangen für uns verlockend genug, unsere Reise bewusst in eine Gegend zu konzentrieren, die mit wenigen Ausnahmen (zum Beispiel Assisi, Perugia oder Spoleto) weit abseits touristischer Aufmerksamkeit steht.

> *„Umbrien und die Marken sind nicht so berühmt wie die Toskana, doch von noch größerem Zauber. Sie haben die Patina, die alle Welt in Italien sucht … Man blieb, schnell unterworfen und bald wieder vergessen, immer man selbst."*
>
> Dirk Schümer, Das ideale Italien [MERIAN, April 2003, S. 25+26]

*Santo Stefano di Sessanio*

Nachdem wir uns mit dem kompletten Kartenmaterial von der Toskana/Emilia-Romagna bis nach Latium/Abruzzo eingedeckt hatten (Touring Editore – 1:200.000), waren die Hauptziele schnell klar: Monti Sibillini und Gran Sasso erscheinen bereits beim Blick auf die Straßenführung als Fahrradparadiese oberster Kategorie. Die weitere Routenplanung war dann nur noch die Folge logischer Überlegungen hinsichtlich einer realistischen Gesamtlänge und unseres Wunsches nach demselben Start- und Zielort, um einen zusätzlichen Reisetag/Transfer mit Zug oder Bus zu vermeiden.

## Die Tage davor

Am aufregendsten waren eigentlich die Tage vor unserer Reise. Nachdem die Wetterprognose eher trist aussah und gleichzeitig ein Altweibersommer über der Ostsee (unser Alternativziel, da in komplett entgegengesetzter Richtung) vorhergesagt wurde, waren wir noch zwei Tage vor Urlaubsbeginn auf eine gemütliche Flachlandrunde in Deutschland, Dänemark und Schweden eingestellt. Erst der Abend vor unserer Abreise brachte die Wende mit der Idee, die Runde in Italien umzudrehen und damit die eigentlichen Highlights in den höheren Bergen nach hinten zu verschieben, um dort die Chancen auf perfektes Herbstwetter zu wahren. Wie glücklich diese Entscheidung war, zeigte sich dann acht Tage später bei Eintritt in den Nationalpark Gran Sasso und Monti della Laga. Einzige Kehrseite der Medaille: Die anstrengendsten Etappen gab es nicht zu Beginn unserer Rundfahrt, sondern am Ende.

## Eine klare Empfehlung

Insgesamt lernten wir bei unserer Radreise durch und um Umbrien Bergdörfer und Hochebenen kennen, die eindrucksvoll und unerwartet intensiv ihre Schönheit und Einzigartigkeit zur Schau stellen. Klar gilt, wie wahrscheinlich überall: Alles steht und fällt mit dem nötigen Wetterglück – wenn dieses vorhanden ist, versprechen wir jedem Fahrradfreund in den Nationalparks Gran Sasso und Monti della Laga sowie Monti Sibillini allerhöchste Glücksgefühle –

*Blick von der Strada Panoramica Adriatica*

*Nationalpark Monti Sibillini*

egal ob mit dem Reiserad, dem Rennrad oder dem Mountainbike. Wer nicht gerade im August unterwegs ist – was aufgrund der hohen Temperaturen ohnehin nicht besonders ratsam ist –, findet hier immer wieder absolute Einsamkeit. So waren wir stellenweise eine gefühlte Ewigkeit ohne motorisierte Begegnung unterwegs, wobei wir nur relativ selten auf ruppigen Schotterpisten landeten. Meistens surrten unsere Reifen über feinsten Asphalt. Natürlich haben wir auf unserer Rundreise auch genau das Gegenteil erlebt – besonders um die größeren Städte wie Orvieto, Viterbo, Terni, Rieti oder L'Aquila: viel Verkehr, triste Landschaften, Kilometer, die einfach nur dazu dienen, von einer Region in die andere zu wechseln. Oft sind es aber genau diese Kontraste, die es auf einer längeren Reise braucht, um die immer wieder auftretenden Highlights in einer noch stärkeren Intensität wahrzunehmen: Regen – Sonne; dichter Verkehr – die totale Einsamkeit; eisige Kälte (in den Zeltnächten weit über 1.000 m) – extreme Hitze (auf den Steilrampen der tieferen Regionen); endlose Serpentinen in alpinen Regionen – schnurgerades Flachland am Meer/um die großen Seen; dichte Industriegebiete – malerische Bergdörfer; geschichtsträchtige Kulturdenkmäler – naturnahe Harmonie …

# Eckdaten:

**Unsere Reisezeit:** Ende September

**Start und Ziel:** Rimini

**Kilometer:** ca. 1.100

**Höhenmeter:** ca. 16.000

**Übernachtungsmöglichkeiten:** Zelt/Campingplätze (nicht alle haben Ende September noch offen!), B&B, Agriturismi, Hotels

**Verpflegung:** viele gute Cafés/Bars/Gaststätten/Restaurants; Kocher und/oder genügend Proviant für einsame Gegenden und bestimmte Uhrzeiten durchaus empfehlenswert!

**Route inkl. GPS-Download:** www.love2.bike/downloads

# Reisetagebuch – Tag 9

Der Tag beginnt genau so, wie der gestrige zu Ende gegangen ist: mit fantastischen Lichtstimmungen der (anstelle von unter-) aufgehenden Sonne. Es ist sehr ruhig um unser Zelt und von der Temperatur her ordentlich frisch – Ende September ganz normal bei über 1.200 m Seehöhe. Wir fotografieren eifrig dieselben Motive wie am Vorabend, um einen direkten Vergleich von Abend- und Morgenstimmung über dem Piano Grande zu speichern. Die einzigen Menschen, die bereits unterwegs sind, sind Pilzsucher, die mit ihren großen Körben durch die knöchel- bis knietiefe Graslandschaft dieser imposanten Hochebene stiefeln.

Kurz vor 8:00 Uhr rollen wir dann los. Heute müssen wir nicht so lange auf Kaffee und Kuchen warten. In Castelluccio (1.452 m) hat eine Bar geöffnet, in der wir das mit Abstand teuerste (und kleinste) Frühstück unserer Reise einnehmen – die Kehrseite einer nicht zu Unrecht touristischen Attraktion höchster Kategorie. Wir möchten nicht wissen, was sich hier im Hochsommer abspielt, wenn viele Römer in den bergigen Regionen des Nationalparks Monti Sibillini Abkühlung suchen.

Hinter Castelluccio geht es kurz bergab zum Piano Piccolo – einer zweiten Hochebene mit weiten Wiesen und Feldern – und dann nochmals 100 Höhenmeter bergauf zu einem knapp 1.500 m hohen Pass, auf dem wir erstmals merken, dass heute Sonntag ist und Kaiserwetter herrscht. Zahlreiche Autos und Motorräder kommen die Straße vom Norden empor und halten auf dem großen Parkplatz neben der Kapelle Madonna della Icona – gewidmet den Hirten von Castelluccio. Auch eine größere Gruppe Mountainbiker hat sich die Passstraße hinaufshuttlen lassen und bereitet sich kleidungstechnisch offensichtlich auf den bevorstehenden Downhill vor.

Auch wir verlassen die Höhenlandschaft und genießen die flotte Abfahrt durch das kalte Neratal hinunter nach Visso (ca. 600 m). Dort ist Markttag und wir drehen eine Runde im Zentrum, erfreuen uns an den historischen Türmen und Mauern, beobachten das bunte Treiben, kaufen ein wenig

*Piano Grande (Nationalpark Monti Sibillini)*

*Chiesa di Santa Maria della Pieve – Visso*

Proviant und stärken uns in einer Pasticceria mit herrlichen Ricotta-Nuss-Blätterteig-Taschen – nach dem Zwergenfrühstück in Castelluccio quasi ein Muss.

Als wir nach Visso die Hauptstraße verlassen, beginnt bald eine extrem schweißtreibende Steigung nach Fematre. Wieder einmal befinden wir uns auf einer absolut einsamen Seitenstraße – diesmal durch die nördlichen Ausläufer der sibillinischen Berge. Die einzige motorisierte Begegnung für gut eine Stunde ist ein Traktor, der gerade vom Feld kommt. Ebenso ausgestorben wirken die kleinen Dörfer, die wir passieren – keine Einkehrmöglichkeit weit und breit. Also rasten wir auf einer Wiese neben einem Friedhof und essen Brot, Käse, Joghurt und Obst aus unseren Packtaschen. Außerdem studieren wir die Karte und planen unsere weitere Etappe nach Assisi etwas um. Wir haben keine Lust oder Energie mehr für die unzähligen Steilrampen der schmalen Seitenstraßen im hügeligen Grenzland zwischen Umbrien und den Marken. Also nehmen wir ab Colfiorito, wo wir uns nach einem etwas mühsamen Kampf gegen den Wind nochmals einen Espresso gönnen, die Hauptstraße Richtung Foligno. Diese erweist sich als gute Wahl: überraschend wenig Verkehr, feinster Asphalt und etwas Rückenwind. Irgendwann zweigen wir nach Belfiore und Scanzano ab, um Foligno nördlich zu umfahren, und gelangen auf einer verkehrsarmen Seitenstraße nach Spello – einer auf den ersten Anblick extrem geschichtsträchtigen und bestimmt faszinierenden Stadt. Unsere Müdigkeit und mittlerweile bereits leise einsetzende Übersättigung an mittelalterlichen Kostbarkeiten lässt uns jedoch ohne Zwischenstopp weiter nach Assisi strampeln.

Nochmals gut 300 Höhenmeter geht es dann bergauf, vorbei an üppigen Wein- und Olivenhainen und mit prachtvollen Ausblicken auf die Basilika Santa Maria degli Angeli, die Burg Rocca Maggiore und die Tiefebene des Valle Umbra östlich von Perugia. Nach 112 km erreichen wir den Campingplatz Fontemaggio, wo wir zwischen Pilgerzelten unsere Heringe in den steinharten Boden pressen und uns anschließend wieder einmal über eine ordentliche heiße Dusche freuen.

*Assisi*

Absolutes Highlight des Abends ist das unerwartet sensationelle Ristorante La Stalla direkt am Campingplatz. Um Punkt 19:28 Uhr (Öffnungszeit 19:30 Uhr) sind wir beim Eingang des Restaurants und sehen bereits Menschen aus allen Richtungen herbeiströmen. Uns werden zwei Plätze an einer langen Tafel zugewiesen und die Speisekarten überreicht, aus der wir am liebsten alles einmal rauf und runter bestellt hätten. Schließlich entscheiden wir uns für Pasta und Gnocchi als ersten und Polenta mit Pilzen als zweiten Gang, trinken wunderbaren Vino Rosso und beobachten, wie die geschickte Dame an der riesigen Feuerstelle der Reihe nach Köstlichkeiten auf den Grill platziert und wie die flinken und extrem freundlichen Kellnerinnen eine Delikatesse nach der anderen servieren. Das Lokal hat sich binnen weniger Minuten bis auf den letzten Platz gefüllt – draußen steht bereits eine Schlange wartender Gäste, teilweise schon mit der Speisekarte in der Hand, um nach Zuweisung eines Platzes direkt bestellen zu können. Wir sind überglücklich, ohne warten zu müssen einen Platz sowie eine warme Mahlzeit bekommen zu haben, und genießen die leckeren Speisen bis zum letzten Bissen, während wir die wunderbaren Bilder und Momente des heutigen Tages nochmals Revue passieren lassen.

*Piano Grande*
*(Nationalpark Monti Sibillini)*

*Von Al Masarrah nach Al Fath*

REISEBERICHTE

# Oman
## Nur schwer zu toppen

*Sonnenaufgang im Hadschar-Gebirge*

Zwölf Tage waren wir im März 2015 mit unseren Reiserädern im Oman unterwegs. Unsere Runde führte die ersten zwei Tage relativ flach durch die Wüste – von Dubai (VAE) über Al Ain (Grenze VAE/Oman) nach Dhank. Danach folgten atemberaubende Etappen durch das Hadschar-Gebirge mit einer Passüberquerung auf 2.000 m, steilen Sandpisten durch zerklüftete Wadis und traumhaften Zeltplätzen unter sternenklarem Himmel. Nach einem kurzen Abstecher an die Küste (Golf von Oman bei Saham) ging es wieder zurück in die Berge – noch einsamer und faszinierender als die Tage zuvor. Nach 1.036 Kilometern und ca. 9.000 Höhenmetern stiegen wir in Hatta (Grenze VAE/Oman) in den Bus zurück nach Dubai.

## Wieso in den Oman?

Ursprünglich waren es relativ banale Gründe, die uns auf die Idee gebracht hatten, mit Fahrrad und Zelt für circa zwei Wochen durch den Oman zu reisen:

## Klima/Wetter

Wenn man nach einer wettermäßig perfekten Radreisedestination für Anfang März Ausschau hält, ist die Auswahl nicht die größte. Der Oman punktet hier in allen Bereichen: viel Sonne, keine extreme Hitze, trockene Luft (= trockenes Zelt), keinesfalls schwül. Abends und frühmorgens ist es angenehm kühl, sodass man einen Pullover oder eine Jacke braucht. Die Temperaturen in der Nacht sind optimal zum Schlafen im Zelt. Niederschläge sind die absolute Ausnahme.

Man kann allerdings auch Pech haben: Im Oman ist es ebenso möglich, dass es (vor allem im Bergland) im März ein paar Stunden oder gar Tage durchregnet. Und dann heißt es Vorsicht, denn die ausgetrockneten Flussbette – die sogenannten Wadis – verwandeln sich bei Niederschlag rasend schnell in reißende Ströme. Von Zeit zu Zeit fegen auch heftige Wüstensandstürme über das Land, die ein Weiterreisen durchaus für ein paar Tage unmöglich machen können.

*Moschee von Dhank vor den Felswänden des Hadschar-Gebirges*

Grundsätzlich stehen zu dieser Jahreszeit die Chancen für gutes, stabiles Wetter jedoch deutlich höher als in den meisten anderen Ländern. Wir hatten jedenfalls zwei Wochen lang perfektes Reisewetter.

## Landschaft und Kultur

Bei unseren Überlegungen und Recherchen im Vorfeld haben wir auch Berichte von anderen Radreisenden studiert. Die wilde Berg- und weite Wüstenlandschaft in Kombination mit der Mystik der arabischen Kultur hat uns auf Anhieb so fasziniert, dass wir uns schnell einig waren: „Da möchten wir hin!"

## Sicherheit

Oft wurden wir vor unserer Reise gefragt, wieso wir „in Zeiten wie diesen" durch ein islamisches Land reisen ... ob das nicht gefährlich sei? Unsere Antwort darauf: Ja, der Oman ist ein islamisches Land und aus unserer Sicht gerade deshalb „in Zeiten wie diesen" so relevant und kostbar zu bereisen, um eigene Erfahrungen zu sammeln – abseits der überwiegend negativen Medienberichterstattung über einen gesamten Kulturraum. Kriminalität wie Überfälle oder Diebstähle gibt es so gut wie keine im Oman, und auch als Reisende aus dem Westen fühlten wir uns aufgrund der weltoffenen und positiven Grundstimmung im Land überall sehr willkommen. Nicht umsonst genießt der Oman laut Website des Österreichischen Außenministeriums Sicherheitsstufe 1 – die höchste der 6-stufigen Skala (Stand 08/2017).

*Hadschar-Gebirge: unterwegs zwischen Hujayrimat und Al Hijr*

*Zunehmender Mond nahe Al Hijr*

## Logistik

Ein fünfeinhalbstündiger Direktflug sowie eine Zeitverschiebung von nur drei Stunden sind im Vergleich zu anderen im März lohnenden Reisedestinationen nahezu perfekt. Wir wählten einen Flug mit Emirates nach Dubai, also in die benachbarten Vereinigten Arabischen Emirate (VAE). Nach Maskat, die Hauptstadt des Omans, hätten wir einmal umsteigen müssen. Da Dubai nur ca. 100 km Luftlinie vom Oman entfernt liegt, schien uns die Stadt ideal als Ausgangs- und Endpunkt für unsere Reise. Unsere Bike Bags durften wir zwischenzeitlich in unserem Hotel (Asfar Hotel Apartments) problemlos deponieren.

Ein großer Vorteil der Fluglinie Emirates ist deren extrem großzügige Gepäckregelung: 30 kg Freigepäck und Gesamtabmessungen (Länge + Breite + Höhe) bis 300 cm (Stand 08/2017). Wenn man mit 1,35 m langen Radkoffern oder noch längeren Radkartons reist, die man meistens extra beim Großgepäckschalter aufgeben muss, spart man im Vergleich zu vielen anderen Fluglinien erhebliche Zusatzkosten.

## Eckdaten:

Unsere Reisezeit: Anfang März

Start und Ziel: Dubai – Hatta (retour mit dem Bus nach Dubai)

Kilometer: ca. 1.000

Höhenmeter: ca. 9.000

Übernachtungsmöglichkeiten: Zelten (wild). Hotels gibt es nur sehr vereinzelt – die meisten von ihnen sind relativ exklusiv/luxuriös.

Verpflegung: viele gute Coffeeshops und kleine Straßenrestaurants; Kocher und/oder genügend Proviant für einsame Gegenden sehr empfehlenswert!

Route inkl. GPS-Download: www.love2.bike/downloads

*Abfahrt Richtung Wadi Bani Awf*

# Reisetagebuch – Tag 7

In der Früh dürfen wir im Restaurant des Al Hoota Rest House den Wasserko-
cher nutzen und uns bei den Teebeuteln und Nescafé Sticks bedienen. Frühstück gibt es um 7:00 Uhr keines. Aber bei der Abfahrt um 8:00 Uhr bekommen wir zwei Boxen mit Dal und ein paar Chapati-Fladenbrote überreicht,
nachdem wir am Vorabend um „Lunch-Pakete" angefragt hatten. Danach treten wir schon sehr gespannt die letzten paar Höhenmeter zum namenlosen,
circa 2.000 m hohen Pass hinauf, über den wir den Hauptkamm des Hadschar-
Gebirges in nördliche Richtung queren möchten. Wir genießen den klaren,
freien Blick hinüber zum etwa 3.000 m hohen Dschabal Schams, den höchsten
Berg des Omans. Circa 1.400 Höhenmeter unter uns liegt die Stadt Al Hamra
mit ihren markanten Felsformationen, hinter denen wir am Vortag noch unser
Zelt abgebaut hatten.

Auf der Passhöhe werden wir dann mit einem sensationellen Panoramablick belohnt: vor uns Berge unterschiedlichster Farben und Schichtungen, unter uns die kleine Bergoase Al Hajir, in der Ferne immer wieder Passagen eines dünnen Schotterbandes – unsere Route.

Um 8:30 Uhr starten wir unsere Fahrt Richtung Wadi A'Sahtan. Die ersten Meter der Schotterstraße sind überraschend gut – wir hatten nach den Warnungen des Al-Hoota-Rest-House-Personals („This is no good idea … very dangerous!") wesentlich Schlimmeres erwartet. Umso fröhlicher brausen wir die ersten paar Hundert Höhenmeter bergab, in denen wir regelmäßig kurze Pausen zum Fotografieren und Ausblickgenießen einlegen. Zwischendurch sind einige Passagen etwas ruppiger, steiler und teilweise recht sandig-tief – das Schild „ENGAGE 4 WD" hat durchaus seine Berechtigung.

Neben uns schlängeln sich immer wieder tiefe Schluchten – eine von ihnen ist auf unserer Oman-GPS-Karte passend mit dem Namen „Snake Canyon" bezeichnet. Nach ein paar kurzen Steilrampen aufwärts und abwärts sind wir im Wadi Bani Awf am für uns tiefsten Punkt, da wir hier die Abzweigung links berghoch Richtung Wadi A'Sahtan nehmen. Rechts ginge es weiter durch das Wadi Bani Awf, das offenbar ein beliebtes Gebiet für Jeep-Touren ist. Zumindest haben wir hier die einzigen touristischen Begegnungen unserer Reise, plauschen sogar kurz mit einer netten Partie deutscher Senioren und beobachten, wie ein paar Jeep-Konvois die steile Strecke hinauf zur Passhöhe meistern, von der wir vor ein paar Stunden heruntergekommen sind.

Nach der Abzweigung fahren beziehungsweise schieben wir wieder völlig einsam auf einer enorm steilen, sandigen Piste gute 300 Höhenmeter hinauf Richtung Wadi A'Sahtan. Viel steiler dürfte der Weg nicht sein, sonst müssten wir unsere Fahrräder und Taschen einzeln die saftige Steigung hinaufschieben und -tragen. So stemmen wir uns mit aller Kraft gegen den Lenker und rammen unsere Zehenspitzen in den sandig-rutschigen Boden.

*Mühsame Schiebepassage Richtung Wadi A'Sahtan*

Alle paar Meter ziehen wir die Bremsen, um kurz stehen zu bleiben und zu verschnaufen.

Ablenkung finden wir in den buntesten und wildesten geologischen Formationen, die wir je gesehen haben: Rings um uns sehen wir überall einen wundersamen Mix aus rosa-, lila-, violett-, rot-, orange-, gelb- oder grün-farbigem Gestein – oft schieferähnlich geschichtet im Fels, oft wie messerscharfe Speerspitzen und Keile in riesigen Geröllhaufen, oft wie dünne, feine, an Holzspäne erinnernde Felsnadeln, die ganze Hänge überziehen.

Irgendwann haben wir die Schiebepassage geschafft und werden mit einer tollen Aussicht auf die Strecke, die bereits hinter uns liegt, entschädigt. Der Himmel ist mittlerweile recht bewölkt und wir denken erstmals wieder an die besorgten Worte unserer Quartiergeber vom Al Hoota Rest House – ganz unrecht hatten sie nicht; die Strecke ist alles andere als ein Kinderspiel, dafür aber umso faszinierender.

Wir legen eine kurze Rast am Straßenrand ein und öffnen unsere Lunch-pakete. Das Dal-Gericht ist noch lauwarm und schmeckt sogar noch besser als gestern Abend – wahrscheinlich wegen der großen Anstrengung der letzten Kilometer.

Gut gestärkt geht es dann wieder länger bergab, bis wir erneut in ein Fluss-bett kommen, dem wir ein paar Kilometer folgen – immer wieder leicht auf- und abwärts, oft eingebettet zwischen wilden, düsteren Felswänden, in denen wir bei näherer Betrachtung gespenstische Gesichter und Fratzen entdecken.

Nach einer Steigung ist es dann endlich so weit – in der Ferne sehen wir ein Auto auf einer offenbar asphaltierten Straße. Wir jubeln und freuen uns, dass wieder ein paar flottere Kilometer vor uns liegen. Immerhin brauchten wir für die letzten 28 km circa 4 h 45 min. Natürlich hatten wir auch viele

*Blick zurück Richtung „Snake Canyon"/Wadi Bani Awf*

Fotopausen eingelegt, aber die knapp 6 km/h Schnitt werden in jedem Fall zu unserem unangefochtenen Negativrekord unserer Omanreise.

Als wir dann im Wadi A'Sahtan überraschend auf einer Asphaltstraße landen, weht uns ein heftiger Wind entgegen. Unerfreulicherweise tauchen bald die ersten Baustellenschilder auf und so fahren wir dann erneut auf einer ruppigen, staubigen Schotterstraße, die noch dazu von Baustellen-Lkws stark frequentiert wird. Der kräftige Gegenwind weht uns den Staub unangenehm ins Gesicht. Wir sehen zu, dass wir Meter machen, und legen keine weiteren Fotostopps mehr ein, auch wenn die Felswände links und rechts von uns, die 1.000 m in die Höhe ragen, einen ungemein imposanten Eindruck hinterlassen.

Mittlerweile ist auch unsere Vorfreude auf einen warmen Chai riesengroß und ein leises Hungergefühl macht sich schon wieder bemerkbar. Nach 6 h Fahrzeit landen wir auf der Rustaq-Miskin Road (Nr. 10) im Wadi Bani Ghafir. Bald darauf erspähen wir in Khafdi ein kleines Restaurant am Straßenrand.

*Leckere Verpflegung in Khafdi*

Wir jubeln und sitzen bald vor einem riesigen Teller Reis mit Gemüse, kühlen Limos und – quasi als Nachtisch – einem Becher Chai.

Als wir danach wieder auf unsere Räder steigen, sind nicht nur wir wie ausgewechselt. Auch der kräftige Wind hat sich gelegt, die Wolken sind weitergezogen und die frühabendliche Sonne verwandelt die zuvor noch so trostlos wirkende Gegend in eine prächtige Landschaft. Nach etwa 20 Minuten zweigen wir rechts in eine Schotterpiste Richtung Samya ab und fahren wenig später auf dem festen, steinigen Gelände querfeldein an den Rand einer großen Ebene zu einem alleinstehenden kleinen Baum, den wir aus der Ferne erspäht hatten.

Noch vor der allabendlichen Körperwaschung, die wir erst nach Einbruch der Dunkelheit vornehmen, reinigen wir zumindest unsere vollkommen angestaubten Beine – die heutige Strecke hat zusammen mit dem starken Wind durchaus sandige Spuren hinterlassen. Auch die Gepäcktaschen putzen wir mit etwas Wasser und einem Tuch, um das Innere unseres Zeltes halbwegs sauber zu halten.

Beim Blick auf unsere Karten beziehungsweise unser Roadbook sind wir froh, dass für die nächsten knapp 250 km Asphalt am Plan steht. Und schön langsam steigt bereits die Vorfreude auf das Meer beziehungsweise die Küste am Golf von Oman, die wir übermorgen erreichen möchten.

*Hualien*

REISEBERICHTE

# Taiwan
## The Cycling Kingdom

Taipeh – Hehuanshan – Eluanbi. Von Taiwans Hauptstadt über den höchsten Pass (3.275 m) bis zum südlichsten Punkt der Insel. Eine Reise durch ein äußerst freundliches Land – heiß, feucht, aufregend und dennoch enorm genussreich. Die wahren Highlights einer Taiwan-Radreise sind vorab wahrscheinlich schwer greifbar; sie kommen dann aber unterwegs – unerwartet und umso nachhaltiger.

Die „Ilha formosa" (portugiesisch für „schöne Insel") besticht weder durch die atemberaubendsten Berge noch durch die prächtigsten Küsten und Strände. Zwar zählt Taiwans zentrale Gebirgskette gut 200 Gipfel über 3.000 m – die Baumgrenze liegt allerdings auch bei etwa 3.000 m, was die meisten Gipfel und Kämme recht monoton grün in grün aussehen lässt. Die Küsten und Strände an der Ostküste sind oft einsam und schier endlos. Das Wasser ist je nach Lichteinfall dunkelblau bis grell türkis, der Sand beziehungsweise die Kieselsteine eher dunkel. Durchaus ein schöner Anblick, aber für hohe Berge und türkises Meer müsste man definitiv nicht so weit reisen. Für uns steht jedenfalls schon vorab fest: Es sind keineswegs die landschaftlichen Reize, die bei dieser Reise im Vordergrund stehen. Rückblickend können wir festhalten:

## Menschlichkeit

**Faszinierend** in Taiwan ist die Art und Weise, wie man hier einander begegnet – offen, hilfsbereit, gastfreundlich, nie aufdringlich. Man spürt, wie es den Menschen Freude bereitet, anderen den Vortritt zu überlassen oder Fehler zu verzeihen, etwa im Straßenverkehr. Einladungen und Geschenke erfahren wir beinahe täglich, mal ist es ein wärmender Regenschutz, mal sind es Papayas in verschiedenen Reifegraden, mal eine Tasse Kaffee frisch aus der Mokkakanne.

## Kultur

**Beeindruckend** ist die hohe Dichte an historischen Tempelanlagen, die einem Tag für Tag das mystische Flair eines zutiefst buddhistischen Landes vergegenwärtigen. Dazu sieht man frühmorgens Menschen in Gärten oder neben der Straße ihre Tai-Chi-Übungen zelebrieren und schnuppert in den Städten regelmäßig den Duft qualmender Räucherstäbchen.

*Strand bei Taimali/Ostküste*

# Kulinarik

**Hervorragend** ist das sensationell vielfältige kulinarische Angebot (auch vegetarisch) der unzähligen kleinen Straßenküchen, die einen Campingkocher auf jeden Fall überflüssig machen. Egal ob Frühstück, Mittagessen oder die Take-away-Box für den Zeltplatz abends – fast jede Mahlzeit ist ein Highlight für sich. Für ein bis zwei Euro pro Person bekommt man meist ein super köstliches Essen.

# Fauna

**Aufregend** bis unheimlich ist die uns doch fremde Tierwelt der tropischen Wälder mit tobenden Affen, riesigen Spinnen und einer Menge bunter Schlangen, die wir zumindest nur platt gewalzt auf Straßen oder abgebildet auf Hinweistafeln entlang unserer Wege sehen. Umso erfreulicher: die Vielfalt farbenfroher Vögel und Schmetterlinge, die uns vor allem größenmäßig immer wieder in Staunen versetzt.

## Vegetation

**Exotisch** ist für uns neben der bunten Tier- auch die prachtvolle Pflanzen-
welt. Die schmalen Straßen im Landesinneren schlängeln sich oft kilometer-
lang durch märchenhafte Bambuswälder und dichte Palmenhaine. Wir
passieren saftig grüne Reisfelder ebenso wie farbenfrohe Blumenwiesen.
Bananen, Mangos und Papayas hängen üppig von Palmen und Bäumen
herab. Prächtigste Seerosen zieren die vielen kleinen Teiche in Parkanlagen
und Gärten.

## Radsport

**Wohltuend** ist die allgemeine Begeisterung für den Radsport in Taiwan. Das
Radwegenetz in den großen Städten ist beachtlich, die Seitenstreifen für Mopeds und Radfahrer auf den meisten breiteren Straßen ein Genuss. Taipeh versteht sich nicht umsonst als Cycling Kingdom und war 2016 die Global Velo-City.
Wir lernen auf unserer Reise, dass eine Umrundung der Insel per Rad zu den
drei Dingen gehört, die man als Taiwaner einmal im Leben gemacht haben muss.

*Sanxiantai Bridge*

*Ostküste nahe Eluanbi*

# Spontane Routenänderung

Unsere Route haben wir wenige Tage vor dem Start aufgrund der Wetterprognose ziemlich umgeplant. Anfangs wollten wir über den Yangmingshan
National Park in den Norden und dann gleich weiter Richtung Ostküste. Zum
Glück schenkten wir unserer Taiwan-Wetter-App Glauben und hielten uns die
ersten Tage westwärts der zentralen Gebirgskette. Wir erfuhren später von
einem tschechischen Radreisepaar, dass es tatsächlich in dieser Zeit im Norden und Osten jeden Tag ordentlich geregnet hat. Die nächtlichen Überstun-
den auf www.bikemap.net für die neuen GPS-Tracks machten sich schlussendlich nicht nur mit trockenen Straßen und viel Sonnenschein bezahlt, sondern
vor allem auch mit einer enorm lohnenswerten Strecke durch das touristen-
arme Landesinnere Taiwans.

# Eckdaten:

**Unsere Reisezeit:** Anfang/Mitte November

**Start und Ziel:** Taipeh – Chaozhou (retour mit Bahn und Bus nach Taipeh)

**Kilometer:** ca. 950

**Höhenmeter:** ca. 12.500

**Übernachtungsmöglichkeiten:** Zelten (wild oder Campingplatz). In touristischen Gegenden (v. a. Ostküste) gibt es zahlreiche Hostels und Hotels.

**Verpflegung:** Wir fanden jeden Tag hervorragende Straßenküchen oder kleine Restaurants; der Kocher kann getrost zu Hause bleiben.

**Route inkl. GPS-Download:** www.love2.bike/downloads

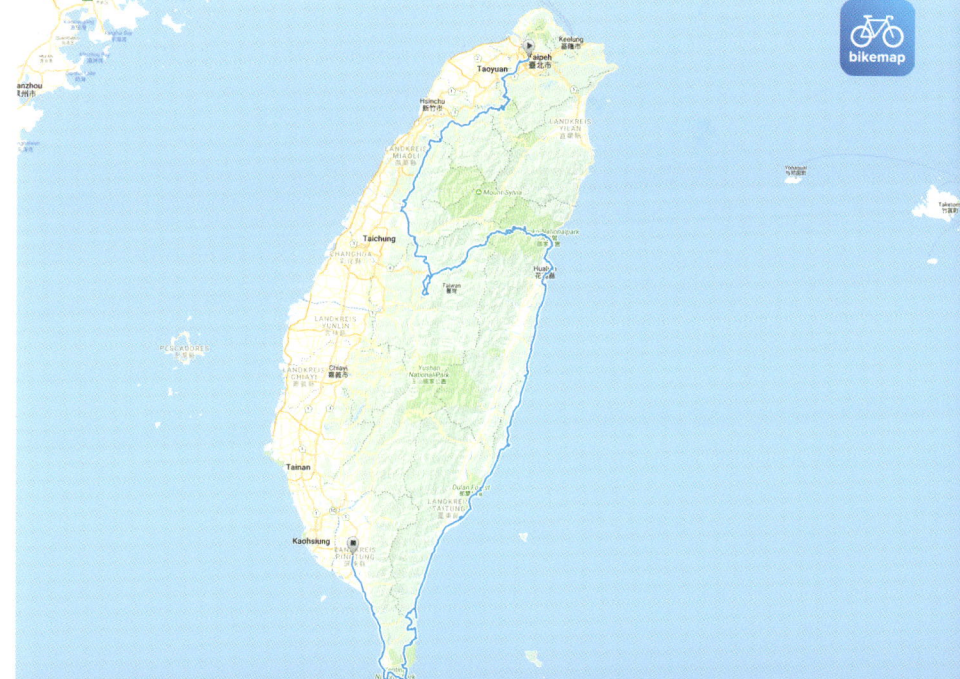

*Shitoushan-Tempelanlage*

# Reisetagebuch – Tag 3

Unser Wecker klingelt um 4:30 Uhr und wir freuen uns, dass es bald weiter-
geht. Nachdem es um 18:00 Uhr wieder stockfinster sein wird, möchten wir
das Tageslicht so gut wie möglich nutzen.

Wir starten die heutige Etappe, die mit einem längeren Fußmarsch beginnt,
genau an der Landkreisgrenze von Hsinchu County und Miaoli County. Von
unserer Anhöhe nahe des 492 m hohen Lion's-Head-Mountain-Gipfels führt
ein schmaler, steiler Pfad über unzählige Treppen in südwestliche Richtung. Das langsame Vorwärtskommen ist zwar recht kräftezehrend, da wir
unsere schwer bepackten Räder immer wieder schultern müssen, stört uns
aber nicht besonders, da es durchaus viel zu sehen gibt: in hohe Felswände
gemeißelte Schriftzeichen, bunte Tempeldächer, die immer wieder durch
den dichten tropischen Wald durchblitzen, oder mystische Pausenplätze
inmitten der für uns so exotischen Vegetation.

Unser schmaler Fußweg mündet direkt in die gigantische Shitoushan-Tempelanlage. Hier verbringen wir einige Zeit und bestaunen die unzähligen bunten Details dieses extrem faszinierenden buddhistischen Heiligtums. Wir genießen die einsame Ruhe des frühen Morgens. Der Infrastruktur nach dürfte die Tempelanlage ein beliebtes Ziel für Touristen sein und als wir weiter südwärts Richtung Haupteingang und für uns Ausgang der Lion's Head Mountain Scenic Area kommen, begegnen wir auch schon ersten Besuchern.

Für uns geht es jetzt auf einer schmalen Straße leicht bergab Richtung Westen, vorbei an saftig grünen Reisfeldern und üppigen Obst- und Gemüsegärten. In der kleinen Ortschaft nahe der Nanbu Elementary School stärken wir uns mit einem zweiten Frühstück, bevor es auf die Provincial Road No. 3 (Zhongfeng Road) geht, die uns für die nächsten 70 km südwärts führen wird. Zum Glück ist diese Straße überraschend verkehrsarm und wir pedalieren meistens recht einsam auf dem Seitenstreifen oder auf der ersten von zwei Fahrspuren gemütlich dahin. Kulinarisch haben wir jedenfalls keine Sorgen, denn wir passieren einige Ortschaften und Städte. Und so verwunderlich das

*Shitoushan-Tempelanlage*

klingen mag: Für uns ist es in Taiwan jedes Mal ein ganz besonderer Genuss, mit dem Fahrrad mitten durch größere Städte zu „cruisen". Trotz der oft vielen Autos und Mopeds spürt man so gar keine Hektik oder Aggression aufkommen. Wenn ein Auto noch schnell bei Rot um die Ecke biegt, wird von der Gegenseite nicht gehupt, sondern abgebremst und freundlich gelächelt. Wir rollen wie alle anderen Verkehrsteilnehmer gemütlich von Ampel zu Ampel und werfen neugierige Blicke in jedes Geschäft und jede Straßenküche, um so viele Eindrücke wie möglich aufzusaugen.

In Dongshi wechseln wir von der Provincial Road No. 3 auf den Highway No. 8, den Central Cross-Island Highway, der aufgrund immer wiederkehrender schwerer Unwetter in den Bergen seit Jahren nicht durchgängig passierbar ist (Stand 11/2015). Für uns ist das nicht weiter schlimm, verlassen wir circa 12 km später bei der Ortschaft Dalin den Highway, wo wir den mächtigen Dajia River über eine schmale Fußgängerbrücke queren, die uns schon von Weitem durch die tief stehende Nachmittagssonne in einem kräftigen Rot-Gold entgegenstrahlt.

Jetzt heißt es auf der Road No. 21 (Fengpu Highway) gut 400 Höhenmeter bergauf strampeln. Wir beschließen wegen der fortgeschrittenen Uhrzeit die erstbeste Zeltplatzoption wahrzunehmen und halten fortan rege Ausschau. Doch so landschaftlich schön und herrlich einsam die Auffahrt südwärts Richtung Nantou County auch ist, wir erspähen weit und breit keine Übernachtungsmöglichkeit.

Selbst auf der namenlosen Passhöhe (knapp 900 m Seehöhe) finden wir keine Wiese, keinen Rastplatz geschweige denn einen überdachten Pavillon – nur steile Wälder, Hänge und abzweigende kleine Straßen. Wir fürchten schon, erstmals unsere Leuchten montieren zu müssen, als wir um etwa 17:00 Uhr die Abfahrt Richtung Zhangfu (erste Ortschaft in Nantou County) starten. Doch nach ein paar Serpentinen bremsen wir abrupt und zweigen in einen unscheinbaren Weg ein, der zu einem etwa 100 m von der Straße entfernten, mitten in einem Palmenhain stehenden kleinen Tempel führt. Das Dach des Tempels konnten wir gerade noch von der Straße aus erspähen – ein Glück, denn was wir hier vorfinden, gleicht einem für hiesige Verhältnisse absoluten Traumzeltplatz: ein von der Straße aus komplett uneinsichtiger, asphaltierter Boden vor dem Tempel, ein Waschbecken mit fließendem Kaltwasser und eine gemütliche Sitzgelegenheit auf einer edelstahlgeformten Bank – was will man mehr!

An dieser Stelle muss gesagt werden, dass wir während unserer Taiwan-Reise im Landesinneren inmitten der tropischen Wälder und Böden so gar keine Lust haben, unser Zelt mitten im unwegsamen Gestrüpp aufzuschlagen – zu ängstlich sind wir hier aufgrund der uns doch fremden Tierwelt mit ihren bunten Schlangen und riesigen Spinnen. Auf einem festen, gut überblickbaren Untergrund fühlen wir uns in solchen Gegenden definitiv wohler.

*Typische Straßenküche in Taiwan*

Nachdem der betonierte Boden aber keine Heringe aufnimmt und sich auch weit und breit keine Möglichkeit findet, das Zelt an Gegenständen, Pfosten oder Bäumen abzuspannen, kreieren wir eine neue Variante, die sich fortan als extrem hilfreich und praktisch erweist. Wir platzieren unsere Räder so am Boden, dass wir unser Zelt am oberen und unteren Ende jeweils zwischen den Laufrädern quasi verkeilen, und spannen es danach an Rahmen beziehungsweise Gestänge der Gepäckträger ordentlich ab. Wir rütteln an allen Seiten, staunen, wie robust die Konstruktion verankert ist, und können zufrieden bestätigen: Not macht erfinderisch.

Plötzlich hören wir das sich nähernde Geräusch eines Mopeds und kurz darauf steht ein etwa gleichaltriger Taiwaner vor uns, der über die Situation sichtlich genauso erstaunt ist wie wir. Er ist Tempeldiener, der hier abends wie morgens nach dem Rechten sieht, ein paar kurze Gebete spricht und frische Räucherstäbchen entzündet. Danach unterhalten wir uns sehr nett mit Händen und Füßen, wobei er mehrmals zum Waschbecken deutet und zeigt, dass wir uns hier gut waschen können – offenbar machen wir in unseren nicht mehr reinweißen Radtrikots bereits einen recht verwahrlosten Eindruck.

Nach einer Katzenwäsche stürzen wir uns auf unser Abendessen, das wir uns bereits in Dongshi von der Straßenküchenchefin in unseren Kochtopf füllen ließen: Nudeln in Erdnussbutter mit grünem Gemüse – ein Gedicht. Wenig später schlüpfen wir müde in unser Zelt, glücklich über den kontrastreichen, ausgiebigen Tag und unseren perfekten Schlafplatz.

*Sognefjellsveien*

# Norwegen
## Achtung: Suchtgefahr!

*Reinefjorden/Lofoten*

**Unsere erste und bestimmt nicht letzte Radreise durch Norwegen unternahmen wir im Zuge unserer knapp dreimonatigen Fahrt vom Nordmeer bis in die Alpen. Insgesamt waren wir 37 Tage in Norwegen unterwegs – mit einem kleinen, sehr lohnenden Abstecher nach Schweden.**

Um ein paar Ideen für zwei- bis dreiwöchige Radreisen zu liefern, teilen wir unser Norwegen-Kurzporträt in drei Abschnitte, die vom Start- und Zielpunkt her dank Flugzeug, Eisenbahn oder Fähre bestimmt auch einzeln gut realisierbar sind. Die jeweiligen Routen (inkl. GPS-Downloads) haben wir auf www.love2.bike/downloads verlinkt.

Nachdem wir in Norwegen und Schweden unser GPS kaum bis gar nicht im Einsatz hatten, da die Orientierung überhaupt kein Problem darstellte, entsprechen die im Voraus geplanten und im Nachhinein von uns korrigierten GPS-Daten nicht zu hundert Prozent, sondern wahrscheinlich nur zu 99 Prozent unserer tatsächlich gefahrenen Route.

# Norwegen Nord:
# Senja, Vesterålen & Lofoten

Auch wenn es schwerfällt, beim Thema Norwegen nicht vollkommen auszu-
ufern, geben wir hier unsere ersten Norwegen-Reisenotizen äußerst knapp
und stichpunktartig wieder. Eine Etappe dieses extrem faszinierenden Ab-
schnitts haben wir bereits im Kapitel *Ein (un)typischer Radreise-Tag* etwas
detaillierter beschrieben.

## Wetter

… für Norwegen typisch: viele Wolken, immer wieder Regen/Nieseln. „A very
cold summer!", meint ein Norweger zu uns. 12–14° C sind bei feuchtem Wetter
und Wind weniger gemütlich, vor allem wenn man 24 Stunden im Freien ist. Ab
und zu scheint aber doch auch die Sonne, und dann ist es umso schöner – vor
allem um Mitternacht. Der Vorteil bei Regenwetter: Man ist nicht immer nur
auf die sensationelle Landschaft fokussiert, sondern nimmt viel mehr Details
am Wegesrand wahr.

## Begegnungen

… alle durchwegs sehr positiv – vor allem in den abgeschiedenen Gegenden
treffen wir ein paar sehr interessierte und gesprächige Menschen.

*Möwenbabys auf den Lofoten*

## Landschaft

… bei guter Sicht atemberaubend. Sie erinnert von der Vegetation her oft an heimische Almen in Österreich – nur dass sie hier auf null Metern Seehöhe beginnt und die klaren Fjorde keine Bergseen, sondern salzige Meerwasser-pools sind.

## Moskitos

… teilweise extrem viele – von riesigen bis zu winzigsten Stechmücken in unglaublicher Dichte. Dann helfen nur schützende Kleidung und gute Nerven. Wir haben aber auch immer wieder Tage, an denen uns so gut wie keine unliebsamen Insekten plagen.

## Zeltplätze

… traumhaft, naturnah und meistens komplett einsam.

## Strecke

… malerisch, kurzweilig und überraschend hügelig – auch an der Küste geht es oft rauf und runter –, nicht nur über die berüchtigten Hurtigruten-Brücken.

# Reisetagebuch Tag 3 (ein Ausschnitt):

Das Wetter wechselt heute sehr schnell. Wir spielen erstmals „Jacke an – Jacke aus …" und sehen vor uns dieselben Berge mal strahlend hell im Sonnenlicht, mal unheimlich düster hinter regenverheißenden Wolken. Vorbei an tiefblauen Seen geht es wieder bergab ans Meer und hügelig weiter von Fjord zu Fjord entlang der beeindruckenden Küste Senjas. Wir fahren durch einige Tunnel, die alle sehr gut beleuchtet sind und mit den „Syklist-i-tunnel"-Signalen den Radfahrern zusätzlich ein sicheres Gefühl geben. Der längste von ihnen ist immerhin 2,2 km.

Entlang des Ersfjords bestaunen wir dunkelgrau-grüne Felsriesen, die majestätisch aus dem Meer ragen. Auch seitlich der Straße 862 gehen die Hänge steil bergauf und enden häufig in hohen, felsigen Wänden, zwischen denen immer wieder tosende Wasserfälle in die Tiefe stürzen. Damit ist die Wasserversorgung für uns gesichert, quert alle paar Kilometer ein Bach mit kristallklarem Wasser die Straße, an dem wir unsere Trinkflaschen

*Sørvågvatnet/Lofoten*

*Ersfjord/Senja*

und Wassersäcke zum Kochen, Abwaschen und Duschen befüllen können. Kurz nach Bergsbotn sehen wir am Straßenrand eine junge Radreisende stehen, die uns freundlich zuwinkt. Sie fragt uns, wo wir heute zelten werden, da sie nach einem geeigneten Platz sucht und schon recht müde ist. Wir fahren ein paar Kilometer gemeinsam und erfahren, dass sie erst 17 Jahre alt ist, aus Deutschland kommt, so wie wir in Tromsø gestartet ist und jetzt drei Wochen mit Fahrrad und Zelt durch Nordskandinavien reist. Auf unsere Frage, was ihre Eltern dazu sagen, meint sie nur: „Die haben vorgeschlagen, dass ich so eine Reise machen soll." – Sehr cooler Vorschlag, denken wir uns, denn die junge Pedalritterin wirkt auf uns absolut begeistert und für das Abenteuer bestens gerüstet.

## Eckdaten Norwegen Nord:

Unsere Reisezeit: 1. bis 11. Juli

Start und Ziel: Tromsø – Moskenes/Lofoten (weiter mit der Fähre nach Bodø)

Kilometer: ca. 600

Höhenmeter: ca. 6.000

Übernachtungsmöglichkeiten: perfekt für eine Reise mit Zelt (wild oder Campingplatz). Alternativ gibt es fast überall Hütten und Hotels.

Verpflegung: Wir haben uns im Hinblick auf unser Budget ausschließlich selbst verpflegt; Brennstoff für den Kocher ist in vielen Städten erhältlich (auch Reinbenzin).

Route inkl. GPS-Download: www.love2.bike/downloads

# Norwegen Mitte:
## ein lohnender Abstecher nach Schweden

Nach etwa 10 Tagen von Fjord zu Fjord möchten wir weiter ins Landesinnere – vor allem nach den touristisch sehr stark frequentierten Lofoten. Also verlassen wir die Küstenregion und reisen weiter Richtung Grenzgebiet Norwegen/ Schweden im Südosten.

Wir bestaunen das karge, trockene Hochplateau Saltdalen entlang des Saltfjellet-Svartisen-Nationalparks, passieren den Polarkreis, erleben extreme Weiten und wohltuende Einsamkeit auf dem Weg nach Schweden entlang der unzähligen riesigen Seen (wie beispielsweise dem Røssvatnet – dem zweitgrößten Binnensee Norwegens), fahren unzählige Höhenmeter entlang der Skardmodalen, des Mars-Gebirges (Marsfjällen), des Børgefjell- und des Blåfjella-Skjækerfjella-Nationalparks, bis wir wieder mitten in Norwegen sind, wo wir ganz plötzlich Landschaften vorfinden, die auf uns sehr ähnlich wirken wie die landwirtschaftlich stark genutzten Regionen unserer Heimat.

*Willkommen am Polarkreis*

# Reisetagebuch Tag 19 (ein Ausschnitt):

Aufgrund der sensationellen Wetterprognose läutet unser Wecker bereits um 6:00 Uhr, wartet doch heute mit dem Stekenjokk unsere zweite richtige Bergetappe. Frühmorgens hat es nur 10° C Außentemperatur. Dazu weht am Ufer des Kultsjön ein eisiger Wind, sodass wir trotz strahlender Sonne im Schutz unserer Zelterweiterung frühstücken.

Zunächst geht es etwa 30 km entlang des tiefblauen Sees bis in die Ortschaft Klimpfjäll. Der Wintersportort ist nur etwa 20 km von der norwegischen Grenze entfernt und von mächtigen Gebirgsmassiven umgeben: dem Fjällfjället im Norden, dem Norra Borgafjällen im Süden, dem Marsfjällen im Osten und dem Børgefjell auf norwegischer Seite im Westen. Wir befinden uns bereits auf dem Vildmarksvägen – einer etwa 500 km langen Reiseroute durch die wilde, nordschwedische Bergwelt zwischen Strömsund und Stekenjokk. Unmittelbar nach der Ortschaft beginnt die Straße merklich zu steigen und wir gewinnen dadurch kontinuierlich an Höhe. Die Fahrt ist extrem kurzweilig, da unsere Perspektive alle paar Meter und spätestens nach der nächsten Kurve wechselt und

*Vildmarksvägen/Stekenjokk*

die Ausblicke immer verheißungsvoller werden. Über eine Brücke queren wir den Saxån und beobachten eine Familie beim Fischen. Hier dreht die Straße ihren Verlauf von Westen nach Süden. Vor uns liegt eine etwa 500 m lange Steilrampe, hinter der bereits der 1.423 m hohe Sipmektinden (schwedisch: Sipmehke) auftaucht, der genau an der Grenze Norwegen/Schweden liegt. Die paar steileren Meter lohnen sich, denn vor uns erscheint bald ein unglaublich weites Hochplateau, an dessen Rändern sanfte, teils schneebedeckte Bergrücken den Abschluss zum nur leicht bewölkten blauen Himmel bilden. Der Vildmarksvägen zieht hier wie ein graues Band durch die teils sattgrüne, teils geröllldurchsetzte Fjäll-Landschaft, in der mehrere blitzblaue Bergseen eingebettet sind. Wir suchen uns für unsere Mittagspause einen weichen, gemütlichen Wiesenplatz und betrachten selig die ruhig vor uns liegende gigantische Hochebene. Kurz nach dem höchsten Punkt (876 m) quert eine Rentierfamilie etwa 100 m vor uns die Straße. Unerfreulicherweise schaffen wir es nicht, so schnell die Kamera zu zücken, und uns gelingt nur ein Schnappschuss. Das stört uns aber in diesem Moment überhaupt nicht, weil wir extrem glücklich sind über unsere erste Begegnung mit diesen faszinierenden Herdentieren.

# Eckdaten Norwegen Mitte und Schweden:

Unsere Reisezeit: 12. bis 23. Juli

Start und Ziel: Bodø – Trondheim

Kilometer: ca. 1.040

Höhenmeter: ca. 12.000

Übernachtungsmöglichkeiten: perfekt für eine Reise mit Zelt (wild oder Campingplatz). Alternativ gibt es fast überall Hütten und Hotels.

Verpflegung: Wir haben uns im Hinblick auf unser Budget ausschließlich selbst verpflegt; Brennstoff für den Kocher ist in vielen Städten erhältlich (auch Reinbenzin).

Route inkl. GPS-Download: www.love2.bike/downloads

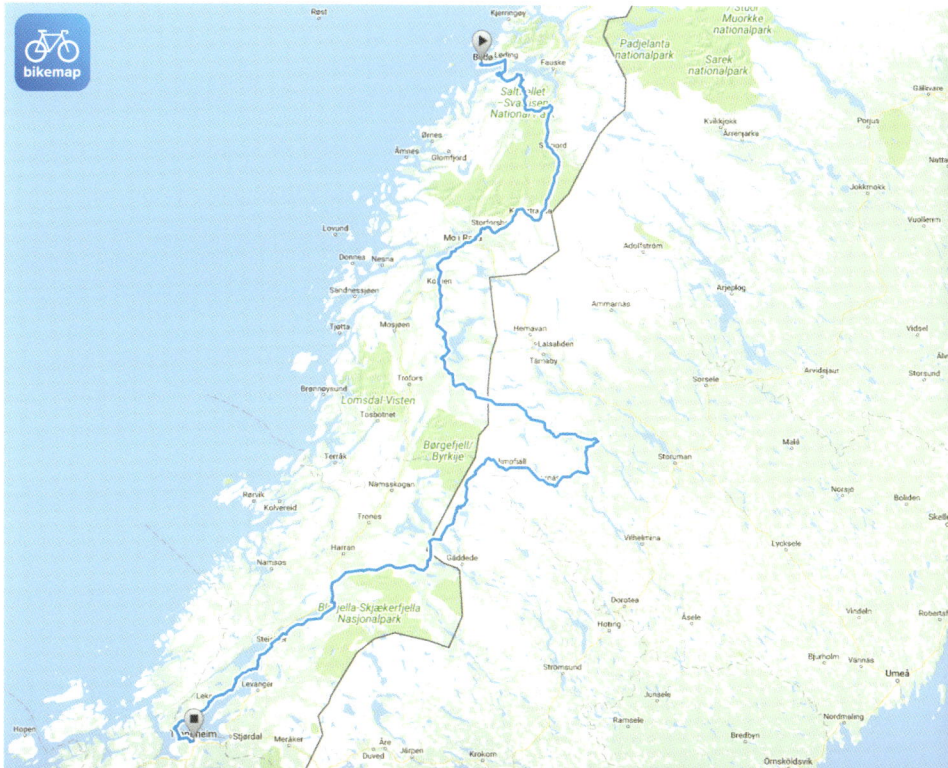

*Düstere Wolken über dem Dovrefjell-Sunndalsfjella-Nationalpark*

## Norwegen Süd: hohe Berge, wilde Fjorde, weite Gletscher

Das letzte Drittel unserer Norwegenreise führt uns in die hohen Berge, über einsame und weniger einsame Wege. Vieles erinnert uns an die großen Pass-straßen der Alpen, nur dass wir hier nach dem höchsten Punkt nie gleich wieder steil bergab rasen, sondern immer auf kilometerlangen Hochebenen hügelig auf- und abwärts weiterstrampeln, vorbei an mächtigen Wasserfällen, Gebirgsbächen, Seen und Gletschern, bevor es wieder länger bergab geht.

Über die höchstgelegene Passstraße Nordeuropas, den Sognefjellsveien (1.434 m), fahren wir bergab zum Sognefjord bis auf 0 m Seehöhe – zum längsten (204 km) und tiefsten (1.308 m) Fjord Norwegens (und Europas).

Die Zeltnächte in den Bergen sind frisch und einsam. Am Sognefjell mit Blick auf den Gletscher haben wir in der Nacht 8° C im Zelt; draußen weht ein lebhafter

Wind und in der Früh nieselt es. Dass wir jetzt schon einen Monat unterwegs sind, merken wir auch daran, dass uns die allabendliche Körperpflege/Wascheinheit in den eisigen Gebirgsseen und -bächen selbst bei widrigsten Bedingungen nicht mehr so unangenehm ist wie zu Beginn unserer Reise.

Über den legendären Rallarvegen geht es für uns insgesamt 80 km über die nicht asphaltierte, teils sehr ruppige Schotterpiste – von Flåm (0 m Seehöhe) steigen wir über 1.300 Höhenmeter auf die gigantische Hochebene am Fuße des Hardangerjøkul-Plateaugletschers. Ein paarmal schieben wir unsere Räder auch über Schneefelder bergauf, was bei Nebel, Nieseln, Wind und nur ein paar Grad über Null extrem mühsam ist.

Gemütlicher wird es ab Geilo. Im Uvdal gibt es vor allem kulturell eine Menge zu entdecken. Neben mehreren stilvollen Stabkirchen sehen wir streckenweise alle paar Hundert Meter wunderschöne, alte Stelzenhäuser – entweder im norwegentypischen Rot oder im originären, dunklen Holzbraun. Aber auch komplette Mittelalterdörfer mit steinalten Bauernhäusern und Lofts liegen in dem sanften Tal, das sich zwischen hohen Bergen malerisch dahinschlängelt.

*Uvdal – norwestlich von Rødberg*

*Unterwegs auf dem Slådalsvegen*

# Reisetagebuch Tag 28 (ein Ausschnitt):

In unserer Nacht auf dem Dovrefjell stürmt und regnet es immer wieder recht kräftig, sodass wir deutlich schlechter schlafen als sonst. Immerhin gibt es am Morgen eine kurze Regenpause, die wir dafür nutzen, unser Zelt trocken zu wischen und abzubauen, ehe wir uns in die Regengewänder schälen und bei leichtem Nieseln Richtung E6 abwärtsrollen. Die Straße ist ordentlich nass. Auf der etwa 10 km langen und sehr flotten Abfahrt nach Dombås schleudern unsere Reifen einiges an Wasser in die Höhe. Trotz Kälte und Nässe sind wir gut gelaunt, da wir den Countdown der letzten E6-Kilometer zelebrieren und auf die Wetterprognose vertrauen, die für heute und morgen einiges an Sonne in den umliegenden Bergen verspricht.

Die Fv496 nordwestlich entlang des Lågen ist wie Balsam für die Seele – kein Verkehr und die wärmenden Strahlen der langsam aus den Wolken tauchenden Sonne tun einfach nur gut. Knapp 15 km nach Dombås zweigen wir links auf den Slådalsvegen, eine 32 km lange, geschotterte Mautstraße, die uns entlang des Reinheimen-Nationalparks bis auf etwa 1.200 m Seehöhe weit über die Baumgrenze hinaufführen wird. Ab der Mautstation (für Radfahrer natürlich keine Maut) steigt die Schotterpiste gleich spürbar durch den immer lichter werdenden Wald Kurve für Kurve berghoch. Alle paar Hundert Meter bleiben wir stehen, da wir vom Rad aus prächtige Birkenpilze und Rotkappen erspähen, die wir einfach nicht stehen lassen können.

Nach etwa 500 steilen Höhenmetern wird es deutlich flacher und wir bekommen einen ersten Eindruck vom weitläufigen Hochplateau, über welches uns der Slådalsvegen führen wird. Großartig ist auch der Blick zum gegenüberliegenden Dovrefjell-Sunndalsfjella-Nationalpark, der gestern noch von dichten Wolken umschlossen war und sich heute im wechselnden Licht-Schatten-Spiel geheimnisvoll-düster präsentiert. Der heftige, eisige Wind bringt einen permanenten Wechsel von Sonne und Wolken. Auch ein paar Regenschauer sind dabei, sodass uns der Holzunterstand gegenüber des Fauttjønne-Bergsees auf 1.120 m Seehöhe gerade recht kommt. Auf einigen Informationstafeln lesen wir Wissenswertes zum Reinheimen-Nationalpark, der bekannt ist für seine zahlreichen Herden wilder Rens, die hier zwischen Fjorden und 2.000 m hohen Bergen optimale Bedingungen vorfinden. Leider sehen wir am Rande des Parks keine Rens, dafür aber ein paar Schafe, die sich auf der umliegenden Wiese aneinanderkuscheln und offensichtlich so wie wir auf Wetterbesserung hoffen.

*Schafe im Reinheimen-Nationalpark*

*Unterwegs auf dem Siadalsvegen*

# Eckdaten Norwegen Süd:

Unsere Reisezeit: 25. Juli bis 6. August

Start und Ziel: Trondheim – Langesund

Kilometer: ca. 900

Höhenmeter: ca. 11.000

Übernachtungsmöglichkeiten: perfekt für eine Reise mit Zelt (wild oder Campingplatz). Alternativ gibt es fast überall Hütten und Hotels.

Verpflegung: Wir haben uns im Hinblick auf unser Budget ausschließlich selbst verpflegt; Brennstoff für den Kocher ist in vielen Städten erhältlich (auch Reinbenzin).

Route inkl. GPS-Download: www.love2.bike/downloads

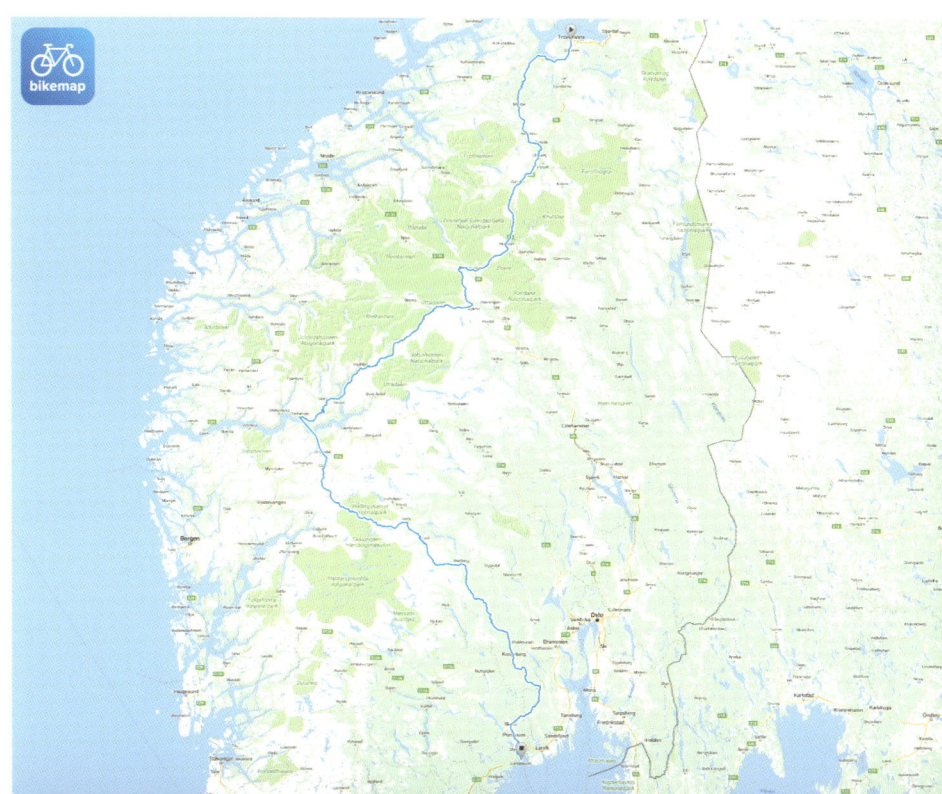

*Hirtshals*

# Dänemark

## Der Wind, der Wind ...

*Landungsplatz in Nørre Vorupør*

Unsere Fahrt über Dänemarks Nordseeküstenradweg unternahmen wir im Zuge unserer knapp dreimonatigen Reise vom Nordmeer bis in die Alpen. Bei der Planung unserer Skandinavienreise konzentrierten wir uns so stark auf Norwegen, dass wir hinsichtlich Dänemark keine großen Vorstellungen oder gar Erwartungen hatten, als wir in Hirtshals mit der Fähre von Langesund anlegten. Dänemark lag für uns einfach auf dem Weg von Norwegen in den Südwesten Europas; umso positiver überrascht waren wir hinsichtlich der landschaftlichen und atmosphärischen Reize dieses wunderbaren Landes.

# Der Nordseeküstenradweg
## (Notizen aus unserem Reisetagebuch)

Wir fahren großteils den Radweg Nr. 1 – den „Vestkyststien" –, der meistens über Schotter- und Sandpisten ungemein kontrastreich die Nordseeküste entlangführt. Immer wieder radeln wir einsam durch märchenhafte Wälder, entlang ausgedehnter Dünen-Hügellandschaften und stellenweise sogar direkt am Strand. An sich perfekte Rahmenbedingungen zum gemütlichen Fahrradfahren, wäre da nicht der brutale Wind, der uns die ersten Tage gnadenlos entgegenweht – oft so stark, dass er uns zum Stillstand zwingt. Die Fahrt von Nord nach Südwest wird für uns vor allem kopfmäßig zur absoluten Härteprüfung und lässt die Strapazen der norwegischen Bergetappen zum Kinderspiel verblassen.

Vor allem an den ersten Tagen zehren die endlos scheinenden Geraden frontal gegen die 60–100-km/h-Sturmböen, zu denen sich immer wieder peitschender Nieselregen mischt, ordentlich an der Substanz. Wir trösten uns mit dem Gedanken, dass der Sturm auch etwas Positives hat: Wir verbringen so deutlich mehr Zeit in einem absolut reizvollen Land und können die zahlreichen Eindrücke dadurch besser verarbeiten.

*„Die Hölle des Nordens" ist nicht irgendwo zwischen Paris und Roubaix ... sie ist in Dänemark.*

Anders als in Norwegen und Schweden ist in Dänemark wild Zelten nicht erlaubt. Dafür gibt es im ganzen Land eine Menge ausgewiesener Naturrastplätze, bei denen das Übernachten im Zelt gestattet ist. Oft findet man hier WC, Wasser und eine Feuerstelle vor. Viele haben auch sogenannte „Shelter", das sind Schlafkojen aus Holz, die wir gerne nutzen, um uns so das Trocknen unseres Zelts zu ersparen, da es in der Nacht oder in der Früh meist regnet oder nieselt. All diese sensationellen Plätze sind auf der Plattform naturstyrelsen.dk mit Detailinformationen verzeichnet. Wir haben im Vorfeld einige entlang unserer Strecke mit Waypoints auf unserem GPS-Track markiert, was das Auffinden vor Ort enorm erleichtert. Darüber hinaus gibt es eine hilfreiche Shelter-Handy-App.

Als der Sturm auch am dritten Tag nicht abnimmt, gönnen wir uns einen Ruhetag in Agger – eine weise Entscheidung, da die Fähre von Agger nach Thyborøn aufgrund des heftigen Windes nicht verkehren kann. Wir fragen den Gastgeber im Danhostel, in dem wir zwei Nächte verbringen, ob das im Sommer öfter vorkommt. Der gut 60-jährige Mann lacht und meint: „Oh no, that's many years ago …" – dass der Sommer untypisch kalt, regnerisch und stürmisch ist, hören wir nicht zum ersten Mal.

Nach unserem erholsamen Ruhetag geht es zwar windig weiter, aber dafür strahlt erstmals auch länger die Sonne und wir verbringen viel Zeit mit Pausen- und Fotostopps. Wir bewundern die Dünenlandschaft des Thy-Nationalparks, die unterschiedlichsten, uns unbekannten Vogelschwärme, den mächtigen Leuchtturm von Bovbjerg und genießen sogar ab und zu etwas Wind von der Seite und erstmals auch von hinten – nach den Tagen zuvor ein echter Balsam für die Seele.

Immer wieder passieren wir idyllische Dorfkirchen, die kleinste Dänemarks steht nicht unweit der größten von ganz Skandinavien. Erste Reetdach- und Backsteinhäuser schmücken die Dörfer und Siedlungen. Und entlang der Strecke gibt es immer wieder kleine Museen und Antikläden. Ansonsten ist die Region sehr landwirtschaftlich geprägt. Viele Bauern preisen am Straßenrand in kleinen Selbstbedienungsläden ihre Produkte an.

Was uns in Dänemark auffällt: Das Land ist flach wie Holland, aber gefühlt jede zweite Straßen- und Ortstafel beinhaltet das Wort „Bjerg" – wir fragen unsere Gastgeberin vom Tjæreborg Teltplads (Tipp!), wieso dem so ist. Sie meint nur: „Keine Ahnung, vielleicht hätten wir einfach auch gern ein paar Berge ..."

*Dünenlandschaft des Thy-Nationalparks*

Bovbjerg Fyr

# Eckdaten:

Unsere Reisezeit: 7. bis 14. August

Start und Ziel: Hirtshals – Husum (D)

Kilometer: ca. 580

Höhenmeter: ca. 1.500

Übernachtungsmöglichkeiten: Shelter-Plätze – perfekt für eine Reise mit Zelt. Alternativ gibt es fast überall Hütten, Hostels oder Hotels.

Verpflegung: je nach Reisebudget mit Kocher oder in den zahlreichen Imbissbuden und Restaurants

Route inkl. GPS-Download: www.love2.bike/downloads

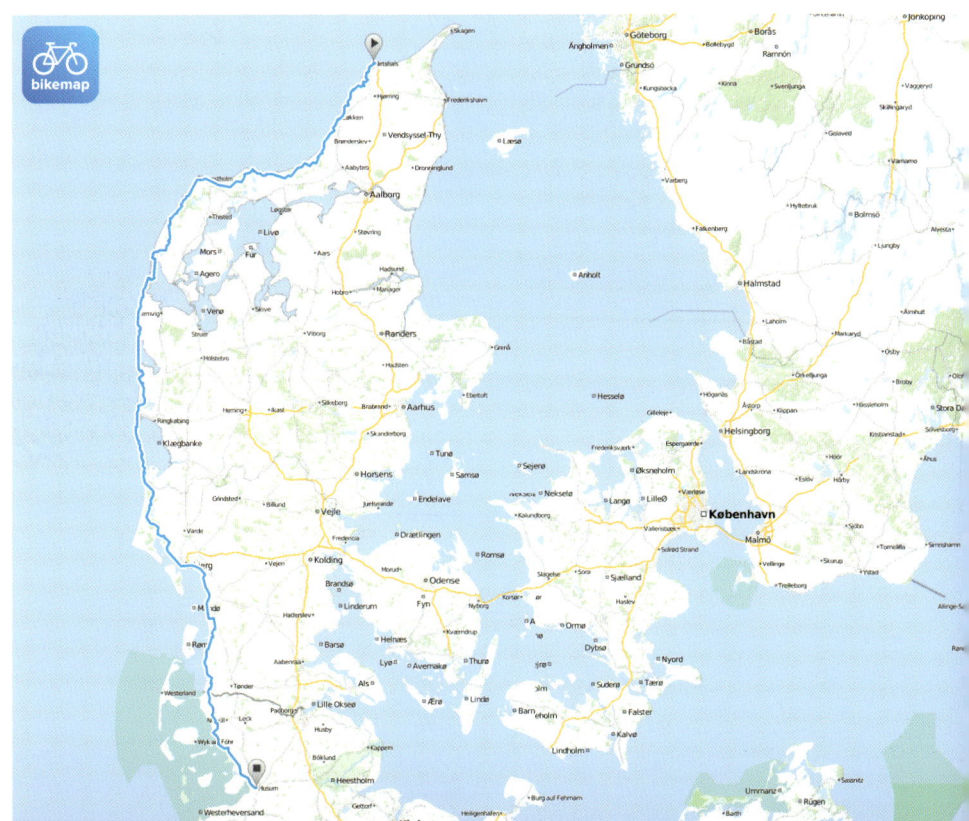